胡庆芳　杨翠蓉　等◎编著

有效小组合作的 22 个案例

华东师范大学出版社
·上海·

图书在版编目(CIP)数据

有效小组合作的 22 个案例/胡庆芳等编著. —上海:华东师范大学出版社,2015.9

ISBN 978 - 7 - 5675 - 4125 - 2

Ⅰ.①有… Ⅱ.①胡… Ⅲ.①课堂教学—教案(教育)—中小学 Ⅳ.①G632.421

中国版本图书馆 CIP 数据核字(2015)第 227824 号

教育转型视野下的课堂热点丛书

有效小组合作的 22 个案例

编 著	胡庆芳 杨翠蓉等	策划编辑	彭呈军
特邀编辑	张艺捷	责任校对	赖芳斌
版式设计	崔 楚	装帧设计	陈军荣 倪志强

出版发行　**华东师范大学出版社**

社 址	上海市中山北路 3663 号	邮 编	200062
网 址	www.ecnupress.com.cn		
电 话	021 - 60821666	行政传真	021 - 62572105
客服电话	021 - 62865537		
门市(邮购)电话	021 - 62869887		
地 址	上海市中山北路 3663 号华东师范大学校内先锋路口		
网 店	http://hdsdcbs.tmall.com		

印 刷 者	上海崇明裕安印刷厂	开 本	787毫米×1092毫米 1/16
印 张	15.5	字 数	266 千字
版 次	2015 年 11 月第 1 版	印 次	2024 年 5 月第 16 次
书 号	ISBN 978 - 7 - 5675 - 4125 - 2/G · 8662	定 价	36.00 元

出 版 人　王 焰

目　录

第四章 / 111 – – – – – – – – – – – – –

品味小组合作的精彩

序　　感受教育的脉搏：创新驱动，转型发展在传统课堂教学的实践中,知识本位和理性至上的价值取向比较明显,教师主要是按照学科的结构传递学科的课程,学生主要是最大限度地接受制度化的学科内容,教师与学生在这种模式的教学过程中逐渐失去了主体间性的主动以及主体的作为,而共同演绎着的更多的是被动与异己的存在。教师成为制度化课程的教学机器,学生成为被填充的容器,"知识的在场"和"人的缺席"成为传统课堂教学的奇异景观,教学的人文关怀被忽视。课堂教学往往始于教师精心设计过程行进的路线图,并具体细化为一步步细致且环环相扣的小步子,然后经由教师付诸课堂精确无误的演绎实施,最终达到预定的认知目的地,教学的标准化和机械化让师生一起远离了创造与活力。与此同时,社会传统文化中规训与服从的基因也惯性地渗透进课堂,加深了课堂教学文化对学生学习创造性和个性化的桎梏,在"师道尊严"的文化恪守中,学生越来越被训练成为课本知识的奴隶和功利应试的机器。

我国的基础教育课程改革现已进入到了改革的"深水区","理想的课程目标越来越需要通过富有创造性的课堂实践来加以实现"。但据 2009 年全国大样本的调查发现,我国基础教育的课堂教学实践与新课程理念的精神实质尚存在不小的距离和落差,大多数教师还比较习惯于传统的教学方法,"穿新鞋走老路的现象还时有发生"。基于基础教育新课程目标的课堂教学转型刻不容缓,势在必行!

在面向新世纪又一个 10 年的重要关头,我国政府制定出台了《国家中长期教育改革和发展规划纲要》,明确提出了课堂教学要从学生学习的实际出发,充分发挥学生学习的主动性,积极回应学生多方面、"个性化的学习需求",从而有效促进每个学生主动的、生动活泼的发展。在 2011 年教育部颁布的中小学及幼儿园三个专业标准的文件中,都把"学生为本"作为基本理念,积极倡导教师的教学实践从传统的以教师为中心转向当今的以学生为本,从而把新课程的理念落实到具体的教育教学行为之中。这为当前基础教育的课堂教学转型指明了方向。

在课程改革的潮流中,近年来也涌现出了一批在本地区乃至全国业已产生颇具影响的课堂教学转型的典型。如,山东省杜郎口中学的"336"学生自主学习模式,突出立体式、大容量和快节奏的教学要求,强化预习、展示和反馈的功能,推行预习交流、明确目标、分组合作、展现提升、穿插巩固和达标测评的教学环节。又如,江苏省洋思中学的"先学后教,当堂练习"的教学模式,追求当堂课的内容学生在课堂上完全自我解决,当堂消化,教师不再留课外作业,切实实现减负增效。再如,上海市静安区教育学院附校"后茶馆式教学"的模式,着力建设"读读、议议、练练、讲讲、做做"的宽松教学文化。改革成功的范例不一而足,但是它们创造性的先行实践已经为课堂教学的转型做了生动的注脚。成功的课堂实践,教育的真谛和智慧富含其中,"深入课堂进行实证的剖析"成为探索课堂教学转型有效模式的现实选择。

纵观近些年来有关课堂教学转型的研究,理论界主要有如下几派的观点:1.文化重构说,即在教学理念上,推崇人的成长发展重于知识本身的掌握;在学习方式上,追求学习主体的建构重于知识本身的结构;在师生关系上,强调学生的主体作用先于教师的主导作用。2.学习增值说,即课堂教学就是要促使学生学习的增值,其中包括动力值(更想学)、方法值(更会学)、数量值(达成多)和意义值(对学生个人的成长发展具有长远意义)。3.以学定教说,即课堂的教学始于对学生学情的把握,学生原有的学习基础、当堂课学习的疑难困惑以及真正的兴趣所在等一起构成课堂教学的形态与结构。这些观点从不同的角度诠释了课堂教学转型的实质与重点。

为了每一位孩子幸福快乐的成长,为每一位孩子的成功成才奠基,变革创新的情怀永远激励着热爱教育的人们不断追逐更高、更远、更美的梦想!

《教育转型视野下的课堂热点丛书》将一如既往地扎根基础教育的沃土,汲取实践智慧的丰富营养,力争真实鲜活地呈现草根实践、田野研究的丰富成果,近距离地服务广大一线教师:分享经验,拓宽视野,启迪智慧!

《教育转型视野下的课堂热点丛书》主要面向中小学第一线的广大教师、教研室教研员、教育研究机构的研究人员以及教师培训机构的培训工作人员。本丛书将集中推出一批以课堂教学的生动实践为特色的系列主题。

希望并期待本套丛书的出版实现我们和谐奋进的研究团队美好的初衷!

胡庆芳

2014 年国庆于上海

1

注目他人思想的火花

第一节　小组合作学习的任务分析

教育心理学工作者对学习的研究发现,被动学习下的学生学习成就最低,其次是学生的主动学习,建构学习与互动学习下的学生学习成就最高、学习兴趣与动机也最高[1],因此,在课堂教学过程中,教师越来越注重对话、讨论等活动的展开,即小组合作学习。小组合作学习往往通过小组学科学习任务展开。

一、学习任务的定义

学习任务指在特定学习资源的支持下,学生通过任务操作来实现特定任务结果(Doyle,1983)[2]。从该定义中可知,学习任务包括四种成分:(1)任务结果。例如,学生的小论文,学生对问题的回答等。(2)任务操作。例如,单词记忆,概念例证的分类等。(3)任务资源,即学生在完成任务过程中获得的各种资源。例如,教师或优秀学生提供范文以供学生完成小论文的任务,与其他学生的交流等。(4)任务的意义,即任务在课堂学科学习的责任系统中的权重或重要性。例如,热身任务的意义性较低,单元考试的意义性较高[3]。

美国数学教师协会(National Council of Teachers of Mathematics, NCTM)在 1989、1991 年分别强调数学课堂教学要减少纸笔练习任务,减少技能训练,应增加"有意义"情境的任务,增加问题解决的任务。这不仅可以通过任务解决训练学生基本数学技能,还能加强学生对数学概念、公式与原理的意义与相关性的深度理解,提高学生"做数学"的能力。为达成 NCTM 的目标,课堂应鼓励学生彼此分享、讨论各自观点，允许学生进行知识探索，引导学生彼此尊重各自观点，给予学生更多的时间。简单的学习任务势必不足以支持学生展开小组合作学习，因此有必要了解学习任务的分类，了解有助于小组合作学习的学科学习任务特点。

二、学习任务的分类

（一）根据学习任务所蕴含的认知过程，可以将学习任务分为四类[4]。

（1）记忆型任务，指学生再认或再现之前已习得知识的任务。它或需要学生提取之前已习得的规则、公式、事实，或需要学生对规则、公式、事实等的记忆；它不是对规则、公式的运用，不是问题解决任务。同样该类任务虽然需要提取规则、公式，但其与规则、公式所隐含的数学知识无相互联系。最后，该类任务是有明确答案的任务，且学生能够快而准地陈述答案。例如，诗歌的记忆任务，公式、规则的记忆任务等。

（2）规则型任务，指学生运用规则、公式等进行问题解决的任务。不过该类任务中的规则是学生之前已经习得的，且在任务中给予明确提示。该类任务明确，只需要运用学生些许认知资源。规则型任务关注的是任务解决的结果，与该类任务所隐含的数学知识无明确相关，不需要理解、解释其中的数学知识。例如，数学四则运算任务，语文的造句任务等。

（3）相互联系的理解型任务。完成相互联系的理解型任务可以让学生做到正确再认任务中伪装或变形的之前学过的知识，让学生在问题解决过程中从若干规则中选择并运用正确的规则或公式，让学生做出正确推论。该任务会明示或暗示与特定数学知识相联系的一般规则或公式，将学生注意力集中到相关的数学规则或公式上，以便让学生深入理解其中隐含的数学概念。理解型任务中的情境信息有不同的表征方式，如文字、图表、符号，呈现相互联系的多种表征以让学生理解其所蕴含的意义。该类任务虽然提供学生相应规则、公式，但需要学生作出一定的认知努力，进行有意识的思考以关联相关数学知识。例如，数学应用题任务、语文的阅读理解任务等。

（4）情境丰富的任务。该类任务是日常任务的模拟或再现，情境信息丰富且复杂。因此，该类任务需要复杂思维、发散性思维；需要学生去探索、理解数学概念、数学过程与数学关系；需要学生对自己认知过程的自我调节与监控；需要学生在完成任务过程中提取相关知识；需要学生主动分析任务,监测可能会局限任务解决策略与方法的任务限定;需要深思熟虑,尽量克服由于问题解决的不可预测性引起的焦虑。如,生活中的数学任务、语文中的观点采择任务。

根据涉及学生的认知过程的程度,上述四种任务可以综合成低认知需求的任务与高认知需求的任务。低认知需求的任务包括记忆型任务与规则型任务,它只需个体对信息进行识记、提取等简单认知活动;高认知需求的任务包括相互联系的理解型任务与情境丰富的任务,其任务完成需要学生进行深思熟虑的思考,进行判断、假设、推理与决策等复杂认知活动。

Stein 等研究者指出不同的任务会引起学生对不同任务目标、知识等的注意,影响着学生对不同知识、规则等进行加工的方式,进而影响着学生学习结果[5],因此从某种程度上说,课堂教学是通过不同的学习任务设计来影响学生学习过程与学习结果的。小组合作学习需要教师设计高认知需求的学习任务,尤其是情境丰富的学习任务。

(二)根据任务情境的新异性、明确性,可将学习任务分为熟悉的学习任务与新异的学习任务。

熟悉的学习任务的任务情境与之前的任务情境相似(如,学习任务与教师讲解的例题类似),较少需要学生解释或决策任务情境信息,多属于记忆任务或再现任务。熟悉的学习任务需要学生运用记忆或公式、规则等来解决。任务可以很简单;也有可能很复杂,需要学生提取大量知识、公式,通过复杂步骤来解决,但是其答案是相对固定的。

新异的学习任务的特点是任务情境新异、不明显、不确定,需要学生思考、决策任务的可能结果及任务解决途径、方式,需要学生从多种途径去整合各种信息、知识、规则或公式。新异任务的答案不固定,因此学生会投入更多的认知资源与情感资源,他们不仅要集中注意,还要克服焦虑。例如,复杂的数学应用题,它就需要学生整合所需的各种公式,并思考问题解决各步骤所需的公式。

课堂教学是由若干任务构成的任务流。如果课堂是由若干熟悉任务组成的熟悉任务流,那么该课堂是流畅与有序的,学生参与程度高,多数学生都能完成任务。但如果课堂是新异的任务流,则课堂进展较慢、曲折,学生的任务参与程度与任务完成率较低,错误率较高,最后学生往往会要求教师给予更多的外显信息,或降低评价要求。新异的学习任务适合于小组合作学习,可以激发学生思考,促进他们知识的交流与讨论,但是新异的任务流往往会对教师教学能力提出更高的要求。

三、学习任务的特征

小组合作学习旨在促进学生知识的掌握与运用,促进其思维能力、问题解决能力的发展,促进其人际交流技能的提高,因此,理解型、情境丰富、新异的学习任务适合用于小组合作学习。现以科学学科、数学学科为例具体阐述适用于小组合作学习的任务特征。

1. 科学学科

研究工作者指出,用于小组合作学习的科学学习任务应模仿现实生活,即真实的科学任务。它可以让学生在科学任务解决中运用科学的步骤,表现出理性的行为,主要体现为学生科学、理性地辨别、分析与提出问题解决方案。以下是科学学习任务的案例[6]。

> 你经营着一家披萨快递公司。其中一个顾客家庭住址较远,需要至少30分钟路程。虽然你尽可能加快速度,但是等送到顾客家门口时,匹萨还是凉了。顾客为此抱怨,你可能面临永远失去这一消费者的危机。请你改进、设计快递盒使得匹萨能在30分钟以后还能保持高温。在这之前,请设计一项实验以收集一些数据使得你的快递盒能一直保持45度,再进一步反思如何改进、设计现有的快递盒。

该任务是真实的生活情境任务,它不仅需要用到热能传递的物理知识,还需要学生成为一名创造型、批判型与反思型学习者。

总之,促进小组合作学习的科学学习任务的具体特征是:

1) 其行为应是有目的、有价值的;

2) 涉及学生问题解决;

3) 发展学生的复杂思维过程,如分析问题与解决问题能力;

4) 驱动学生投入到学习过程中;

5) 运用多学科的观点;

6) 与真实生活相联系,而不是局限于学科、学科教材;

7) 需要学生获得、修订、拓展与应用其知识;

8) 具有丰富的认知、智能的差异性,使得不同学生在任务解决过程中都能达到目标,有所收获；

9）当任务是学科的，通过任务解决能获得多学科的关键知识点；当任务是多学科的，需要学生运用多学科的知识与技能；

10）能让学生成为反思型、创造型与批判型学习者。

2. 数学学科

学习"约数和倍数"时，要用到"整除"的概念，可以设计下面的小组学习习题：（1）出示混合在一起的 9 道除法算式（$48 \div 6 = 8$，$4.2 \div 0.7 = 9$，$2 \div 9 = 0.222\cdots\cdots$ 三种类型各 3 道）。（2）观察算式并将其分成 3 组。（3）三种类型各有什么特点？（4）引入概念，比较理解。[7]

与科学学习任务相似，促进小组合作学习的数学学习任务的具体特征是：

1）为学生创造机会让他们能独立探索、运用数学知识；

2）给学生思考与讨论的机会与可能；

3）养成学生数学思维与推理的能力；

4）无现成方法让学生解决数学任务，需要学生选择、创造一定的策略去解决当前任务，这可以创造机会让学生面对自己的错误概念；

5）能发展学生数学兴趣；

6）适合每一位学生，同时又给学生提供一定的挑战与拓展知识的机会。

四、影响学习的因素

课堂教学过程可以表现为由一个个学习任务构成的任务流。新异的学习任务流适于小组合作学习，可以激发学生思考，促进他们知识的交流与讨论。但是在实施过程中，学生参与程度不高，任务解决正确率较低，这容易导致新异学习任务在实施过程中出现变化，因此有必要探讨学习任务的实施过程及其影响因素。如图 1 所示，学习任务的实施过程要经历三个阶段[8]：（1）教材中的任务（即教学材料）；（2）课堂中教师呈现的任务；（3）课堂中学生执行的任务。在每一阶段，学习任务的特点都不尽相同，在阶段转换之间，任务会由于受到教师、学生或教学情境

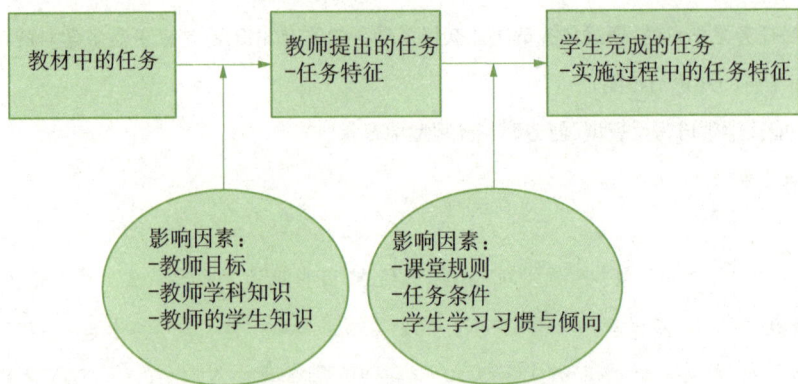

图1 小组合作学习中学习任务的实施过程及影响因素

（引自：Stein, M. K., Grover, B. W., & Henningsen, M.（1996）Building Student Capacity for Mathematical Thinking and Reasoning：An Analysis of Mathematical Tasks Used in Reform Classrooms. *American Educational Research Journal*，33（2）：459.）

等的影响而发生变化。

1. 从教材向课堂呈现转换时学习任务变化的影响因素

教师在课堂上呈现的任务多为取材于教材中的学习任务。但教育人类学的研究通过观察教师课堂教学行为，发现教师呈现的任务与教材中的任务并不一样，并且教师自己在访谈中也提到在设计任务时会对教材中任务进行一定的修订。

教师的教学目标会影响其对教材中任务的修订。当前受情境学习理论的影响，教材中任务多以探究性问题的形式呈现，鼓励学生通过思考、交流与讨论深入理解学科知识，但教师如果期望学生通过记忆、练习掌握事实性知识、规则、公式，那么他们可能会改变任务实施的要求，降低任务难度。教师的学科知识、学生知识或多或少也会影响学习任务的设计，会影响教师对教材中任务的修订。专家教师与新教师的教学计划的比较研究发现，新教师由于学科知识不丰富且彼此独立，只拥有学生的一般心理特点知识，较少了解所教班级学生的特点，因此在学习任务设计时多注重事实性知识、规则的认识与运用，如"对乘法进行定义"、"认识乘法的重要性"，大大降低了教材中学习任务设计的目的。而专家教师由于有着丰富的、相互联系的学科知识，对班上学生、学生学习有着充分的了解，他们设计的学习任务与教材中的任务相同，对任务设计更为精细，如会考虑到乘法规则运用的条件等[9]。

2. 从教师呈现向学生执行转换时学习任务变化的影响因素

教师呈现任务是指教师在课堂上宣布或规定的任务。它可以很详细,教师可具体说明任务,提供很多任务资源;也可以很简单,教师可以用简短的言语吩咐学生完成黑板上的任务。学生执行任务是指学生在课堂中实际完成的任务。课堂规则、学生学习习惯与教师习惯等因素影响学习任务在阶段转换间的变化。

长期学习过程中建立的课堂规则,如,任务完成的方式、任务分配、任务完成者应履行的责任、任务结果的要求等会影响课堂中任务的执行。如果任务完成规则不明确、模棱两可,则即使是情境丰富、新异性的任务也会受教学时间、教学要求等限制转变成情境简单、熟悉的任务。当学生在执行任务时遇到挑战、困难,教师让学生接受挑战的程度、教师给予的支持程度等也会影响学习任务的变化。教师如果不愿意让学生陷于焦虑之中,如果缺乏足够的学科知识、教学技能与策略,如提示、提问技能等,则可能会直接采用解释技能将相应知识点或问题答案告诉学生。另外,如果学生学习动机不强,更为看重成就目标而不是掌握目标,他们也往往会在面临困难时要求教师降低任务难度,要求教师明确告知问题解决步骤及其结果。

参考文献:

[1] Chi, M. T. H. Active-Constructive-Interactive: A Conceptual Framework for Differentiating Learning Activities [J]. Topics in Cognitive Science, 2009,1:73 - 105.

[2] Doyle, W. Academic Work [J]. Review of Educational Research,1983,53(2):159 - 199.

[3] Doyle, W. Work in mathematics class: The contexts in students thinking process [J]. Educational Psychologist, 1986,23(2):167 - 180.

[4] Melissa D. Boston, M. D., & Smith, M. S. Transforming Secondary Mathematics Teaching: Increasing the Cognitive Demands of Instructional Tasks Used in Teachers' Classrooms [J]. Journal for Research in Mathematics Education, 2009,40(2):119 - 156.

[5][8] Stein, M. K., Grover, B. W., & Henningsen, M. Building Student Capacity for Mathematical Thinking and Reasoning: An Analysis of Mathematical Tasks Used in Reform Classrooms [J]. American Educational Research Journal, 1996,33(2):455 - 488.

[6] Mould, D. P. Rich tasks: Developing student learning around important tasks[J]. Australia Science Teacher's Journal. 2002,48(4):6 - 13.

[7] 王华. 精心设计课堂习题有效促进小组互动[J]. 中国校外教育,2014,8,46.

[9] 杨翠蓉,李同吉,吴庆麟. 教学计划过程中教学专长的专家—新手比较研究[J]. 心理科学,2009,32(2):462—465.

第二节　小组合作学习的认知过程

随着对学生综合素质的强调，对问题解决能力、人际合作能力的重视，小组合作学习作为一种教学策略越来越多地被应用到课堂教学中。然而"外行看热闹，内行看门道"，越来越多的教育工作者、教育评价者与教育研究者指出有些小组在合作学习中虽然交流讨论热烈，但是如果仔细聆听他们的交流过程，却发现或空洞无物，或偏离任务，或是漫无边际的聊天。久而久之，小组成员可能会对合作学习出现抵制，认为其浪费时间，还不如教师的讲授学习。本节针对上述现象，对有效的小组合作学习的理论基础、常见形式及内在认知机制进行阐述。

一、小组合作学习的理论观点

合作学习在形式上与小组学习相同，均是将学生分成一个个小组。不过它并不是和小组学习完全一样，只是几个学生坐在一起学习、做作业等，它存在着小组成员间的互动过程，因此合作学习是"由几个能力不同的学生组成小组共同学习，并强调学生之间的互动"。[1]其主要受社会文化认知理论、社会互赖理论、选择理论等影响[2]，对知识与课程、学习、教学、学生与教师有着全新的诠释。

（一）小组合作学习的理论基础

社会文化认知理论首先由苏联心理学家维果茨基提出，其思想被美国教育心理学工作者所接受。社会文化认知理论关注学习的社会性，强调学习与文化、历史等的密切联系，认为学习就是不同的社会实践活动，是在一定的社会交往、社会规范等的背景下，个体以自己的知识经验为基础，通过实践活动，解决各种问题，完成活动并从中获得知识的过程。

社会互赖理论最早源于格式塔学派的考夫卡、勒温对群体、群体成员的认识，但完整、系统的观点则由约翰逊兄弟提出。社会互赖理论认为社会互赖的结构方式决定着个体的互动方式，从而决定着活动结构。积极互赖也就是合作产生积极互动，个体间的相互鼓励会促进个体学习的努力；而消极互赖会产生反向互动，它可能是一种消极冲突，还可能会产生零互动，以学生单干形式出现，总之个体间相互妨碍会阻碍个体学习的努力程度。

选择理论由格拉瑟提出，其早期叫"控制理论"，后改成"选择理论"，实际上两者实质是一样的。格拉瑟认为学生能控制自己的行为，他们在校学习的目的是满足自尊需要与归属需要，因此该理论不仅关注学生与外界的相互作用和反馈，还强调自我反省。学生处于一定的社会环境中，他们通过提问、看、听等方式与其他学生互动，同时又主动观察与积极反省彼此的互动，从而获得知识与经验。

（二）小组合作学习的基本观点

1. 小组合作学习的基本形式——对互动的认识

教学过程就是信息互动的过程，传统的认知观将信息互动看成是个体内在新旧知识经验的相互作用，主要通过顺应与同化建构知识的过程。受社会文化认知理论等的影响，教学中的互动还应包括学生与物理环境的交互作用、与社会环境的交互作用。从人与环境的交互作用来看，互动主要分为三种类型：(1)单向型互动。教师将信息传递给学生。(2)师生双向互动。教师与学生之间信息的相互交流。(3)生生互动。学生之间的多边互动。鉴于学生心理发展的特点以及学生知识经验的不足，小组合作学习强调生生互动，同时教师也应在适当时机以平等的心态，以指导者的身份参与到小组合作学习中。

2. 小组合作学习中成员关系——对学生与教师的认识

小组合作学习的理论基础认为学生在走进学校之前，并不是一张白纸，他们已获得了丰富的经验与知识；学生也不是小白鼠或猫狗之类的动物，他们有感知世界并进行主动思考的能力。基于此，小组合作学习突出了学生的主体地位，重视学生的主动性与能力，强调生生之间的互动,给予学生充足的时间相互切磋,共同提高。传统课堂中的许多教师工作都由学生小组来完成,教师只充当"管理者"、"促进者"、"咨询者"、"顾问"和"参与者"等多种角色,旨在促进整个合作学习过程的顺利进行,使学生与新知之间的矛盾得到解决。在合作学习中,教师与学生不再是对立的关系,师生之间由原先的"权威—服从"关系逐渐变成了"指导—参与"的关系。

3. 小组合作学习的结果——对知识的认识

传统的课堂教学隐含的知识观认为知识是客观的、确定的,是对现实的准确表征。但根据小组合作学习的理论基础,小组合作学习强调知识是一种解释或假设,它是主观的,会随着人类的进步而不断变化,会随着个体的进步而不断变化,因此,不同学习者对同一对象存在着不同的理解,存在着不同的语言符号表达形式。另外,知识不仅是对客观世界的概括,还是对具体情境的再创造,知识同样也会随着具体情境的变化而不断发生变化。在小组合作学习中,正是通过小组成员间的交流、讨论、任务完成等活动来获得相对一致的认识,即知识。

二、小组合作学习的表现形式

合作学习强调成员间的互动,根据小组合作学习的学科内容、任务特点等的不同,小组合作学习存在不同的具体操作形式。

1. 拼图式教学模式

拼图式教学(jigsaw),又译"皆可熟"教学,是小组合作学习的一种形式。最初由阿伦森及其同事设计,形成第一代拼图式教学(jigsaw Ⅰ);后由斯莱文改良,形成第二代拼图式教学(jigsaw Ⅱ)[3]。其基本思想是学生们要想掌握其他的内容,唯一的途径就是认真倾听小组成员的讲解,因而他们具有彼此支持的动机并表现出对彼此作业的兴趣。第二代拼图式教学增加了"专家小组",其基本过程是:首先,将小组学习任务分割成片断的学习材料。如一篇传记可以分为早期生活、主要成就、主要挫折、晚年生活和对历史的影响等几个部分。并将片断的学习材料分给每位小组成员。然后,各个小组中学习相同内容的学生组成"专家组",在一起共同讨论他们所要学习的那部分内容,直至掌握。紧接着,"专家组"中的各成员分别返回各自的小组,轮流教其组员学习那部分内容。最后,教师编制测验评价学生学习效果,并将成员得分作为小组成绩。

2. 建构性认知冲突解决模式

建构性认知冲突解决模式由明尼苏达大学的约翰逊兄弟设计并在中小学等各类学校进行

实验与实践。它指学习者存在理论、观点等分歧，但彼此又致力于通过合作寻求共识的活动。它展开的前提是通力合作，因此当面临差异时，学习者受好奇驱使，会积极、建设性地参与到分歧解决过程中，理解不同观点，质疑自身观点的正确性，分析不同观点的适用范围与条件并进行整合，最终达成对观念的共识，获得知识。这一合作学习形式可应用于语文、政治等文科课程中。在建构性认知冲突解决过程之前，首先需将班级进行分组，每组 4 名学生，每组内部又两两学生为一队，每队学生各自选择一个观点，展开相应观点的陈述、讨论、分析、综合等建构性认知冲突解决过程。其实施过程是：(1)学生认真阅读、理解相关学习资料，精心组织自己的观点以维护自身正确性，同时尽力说服、改变对方观点。(2)不同立场的学生可通过各种媒介，如自信的口头语言与身体语言、幻灯片、音视频资料、图片等，向对方传达自己鲜明的观点、说服力强的理论依据与客观事实，以让对方学习、理解。双方可能需要多次陈述以让对方明了相关理论、知识、事实等。(3)通过讨论，尤其是质疑与对质疑的反驳，学生初步认识到观点的差异。(4)观点反转。在这一阶段，双方学生改变原先立场，转为坚持对方立场，并进行相应陈述与维护。不过在陈述与维护观点立场过程中，学生应根据所做的笔记，从双方立场看待己方观点，尽可能多地增添、精致相应理论、知识、事实等。经过观点反转阶段，学生能意识不同观点的优劣势，可取与不足之处。(5)形成共识，完成学习任务。在这一阶段，学生仔细分析相矛盾观点的合理性与不足点，提取每个观点的合理性、长处并进行整合，最终形成新颖的综合结论，完成小组书面报告。[4]

3. 小组调查模式

小组调查模式是目前运用最多的一种合作学习模式[5]。它是由以色列特拉维夫大学沙伦等设计并进行实践探索。他们借鉴小组设计等理论提出小组调查模式的 6 个阶段。

(1) 选择题目，引入情境。从所教学科某个单元选出一个子课题。该课题可以由教师提供，也可由学生找出，应是学生感兴趣的问题，能让学生面临问题困境，激发他们参与其中。

(2) 组建调查小组。将学生分成小组，每组 2～6 人，体现组内异质、组间同质的特点。

(3) 设计小组调查，进行小组的课题研究。每个小组计划与设计小组调查方案，明确调查方法与步骤，确定小组分工，从各种渠道搜集、分析数据。

(4) 撰写小组调查报告。小组成员对调查分析的结果进行交流与讨论，形成调查结论，撰写调查报告。

(5) 小组总结汇报调查结论。每组汇报调查过程与结论，学生对每组结果进行交流与讨论。

（6）小组评价与反思。学生对每组的调查报告根据相应的评价标准进行小组内自评、组间互评、教师评价，主要是评价学生知识运用的能力、推理概括的能力，还要评价小组成员的合作技能、情感体验等。最后学生对此次小组调查进行反思与总结，提出改进建议。

三、小组合作学习的认知机制

拼图式教学模式、建构性认知冲突解决模式、小组调查模式都存在小组成员间的互动，表现为精致、冲突、商讨等言语表现形式。研究者汪航从认知心理学角度对国内外的合作学习进行研究，提出小组合作学习的认知机制包括三阶段：个体知识建构阶段，合作性知识建构阶段和合作后个体知识建构阶段。第一和第三阶段所涉及的认知机制相同，均是个体对学科知识感知、记忆、思维的过程，是个体新旧知识经验通过同化与顺应进行整合，形成知识组织并储存起来的过程。但是合作性知识建构阶段的认知机制不同于第一阶段与第二阶段，并且研究者也十分强调合作性知识建构对学生学习的重要性，因此有必要了解清楚其内在心理机制。汪航的研究总结指出，合作性知识建构的认知机制由合作学习中的个体建构与共同建构组成[6]。

1. 小组合作学习中的个体建构过程

小组合作学习的个体建构过程由两个子过程构成：理解监控过程和建构活动过程。

理解监控过程是内部驱动过程，当学习者学习新信息时，他们自觉、独立地监控，精确地诊断当前的理解。如果发现理解失败，就进入建构活动过程，采取某种活动来更正错误理解，修改自己的心理模型，从而产生新的知识。

理解监控可以由个体心理模型的不一致驱动，是比较个体心理模型与目标材料的过程。通常有不一致心理模型的学生会意识到理解的缺陷，因为他不能回答生成问题。理解监控过程不仅仅可以用来操作个体心理模型与文本信息的比较，也可用来操作程序领域的学习。当学习者发现理解脚本与有解样例间的差异时，学习者可能会选择采取建构活动来修补其问题解决脚本。Chi 等人研究发现，优生和差生产生了数量大致相等的理解监控陈述，但是二者的监控陈述存在内容上的差异。优生比差生更精确地诊断其理解缺陷，并且一旦发现理解不足，他们更可能采取建构活动，如自我解释。

2. 小组合作学习的共同建构过程

合作性知识的共同建构过程同样由两个子过程构成：合作性理解监控过程与合作性知识建

构过程[7]。

　　每个人的知识储存在各自头脑中,且存在知识间的个体差异,因此小组成员中说话者的一方与聆听者的一方存在知识差异,或心理模型差异。合作性理解监控过程是小组合作学习中的说话者通过口头或书面语言表达方式将自己的观点陈述给聆听者,聆听者将自己的知识经验与所接受到的信息进行比较,检查是否存在矛盾之处。如果有矛盾,则聆听者根据交流规则提出反对意见;如果无矛盾,说话者继续表达自己的观点或思维推理过程。

　　通过合作性理解监控,合作小组成员一旦发现他们彼此存在观念、思维过程等的差异,则开始合作性知识建构过程。双方主要通过精致、冲突、商讨等方式进行,表现为小组成员之一增加、修改或更正另一个人的描述;可以是在部分观念上把新观念与某人其他观念关联起来;可以是通过简单、客观的陈述更正某人的言语表达;也可以是不同意先前成员的言语表达并提出相反陈述。

参考文献:

[1][3] 吴庆麟,胡谊主编.教育心理学——献给教师的书[M].华东师范大学出版社,2003年版.

[2] 王坦.小组合作学习的理论基础简析[J].课程.教材.教法,2005,1:30—35.

[4] 杨翠蓉,韦洪涛,张兄武.高校和谐教育新模式:建构性认知冲突解决[J].高等农业教育,2013,10:45—47.

[5][6] 汪航.合作学习认知研究综述[J].心理科学,2004,27(2):438—440.

[7] 汪航.数学学习过程中的心理模型建构研究[D].华东师范大学心理学系博士论文,2004.

第三节　小组合作学习的教师支持

小组合作学习相信学生的主动性与能动性,倡导学生的主体地位,发挥学生的主导作用,教师在这一学习中只是起指导、支持作用。约翰逊兄弟指出要使小组合作学习真正发生效用,教师必须注重:(1)学生面对面的互动;(2)小组良性的内部依赖;(3)小组成员的合作技能;(4)小组成员的监控。因此教师要营造适合并且能够促进小组合作学习的环境、及时准确诊断小组中合作学习过程以及指导小组合作学习的顺利深入展开。

一、营造促进小组合作的学习环境

小组合作学习需调动小组学生的心智,让他们积极、热烈参与到任务提出、任务解决过程中。学生在这一过程中要愿意提出各种问题,愿意回答各种挑战与质疑。同时教师有必要营造促进小组合作学习的教学环境,如,任务设计、小组设计、学习氛围的创设。

1. 设计需进行小组交流讨论的学习任务

学习任务影响着学生学习方式与学习结果,诸多研究表明要产生有意义的小组讨论、有意义的学生提问,学习任务应取材于日常生活,要比较复杂、无明显或清晰解决方案。

施蒂格勒(Stigler)等研究者在小学三角形面积教学的日美比较研究中,发现日本教师设计复杂的数学任务,让小学生用尺、笔、胶水、剪刀和画有各种三角形的纸等材料去独立发现不同三角形面积计算方法。由于数学任务复杂、有趣,学生在陈述自己的三角形面积计算方法时,教师频繁提出质疑、挑战性问题，使得学生积极投入，完全参与讨论，提取相应知识，调动发散性思维与集中性思维，清晰陈述解释自己的想法、思路，真正实现了师生间观点的碰撞，思维的拓展与融合。而美国教师则采用传统讲授法进行三角形面积教学，首先回顾三角形周长知识，再引入相关知识：长方形的面积，紧接着学生在教师引导下比较图形。由于数学任务简单，且是教师主导下的比较、发现，学生思维局限，只能展开有限讨论[1]。

2. 教师要合理设计合作学习小组[2]

韦布(Webb)指出小组成员间的互动受小组成员能力、性别、个性等因素的影响。小组构成特点影响着小组合作学习的过程与结果。一般来说，小组构成主要考虑到学生能力特点，或将不同能力的学生组成一组，即异质小组；或将相同能力的学生组成一组，即同质小组。约翰逊兄弟认为合作学习小组应是能力异质小组，他们发现能力差别很大的小组里的成员能更深入地思考，能给出并接受更多的解释，在讨论材料时能有更深远的见解，即能力异质小组促进理解深度、提高逻辑思维能力并加强记忆。不过，对于能力高的学生而言，不管是在能力同质组还是在异质组，他们的表现几乎一样，且学习结果无显著差异(Kenny, 1995；Linchevski & Kutscher, 1998)。不过对于学习速度较慢、学习能力低的学生来说，同质小组有利有弊，能力同质组能维护他们的自尊，不过他们的学习收获不大，学习效果要显著低于能力异质小组。如果合作学习是在能力同质小组中进行，教师需要大力支持学习能力低的学生(Kulik, 1985；Bennett, 1991)。教师在设计小组时，还要考虑到学生年级特点。研究者发现，能力异质小组适合于小学生；而随着年级的升高，由于学生抽象思维能力、逻辑思维能力与元认知能力的发展，能力同质小组越来越适合于学生的合作学习。

合作学习成效还受小组规模影响。一般而言，人数越多，则每个人的参与程度越低，更容易出现责任扩散现象。但是观点和方法也会越多，更容易造成认知冲突，更容易发现成员的错误观点并给予纠正。约翰逊兄弟认为典型的合作学习小组应由2到4人组成，小组规模超过4人，需要的资源更多，组员更倾向于自我减负，更不容易把自己对小组的贡献看成是重要的，个人责任越小，组员更需要熟练的技能，组内互动和交流更少，更难确定个人遇到的困难，更容易努力保持一致，因而学生的批判性思维减少了。研究者进一步发现，2人组的参与程度高于4人组，谈话的数量和相互影响程度都明显高于4人组，但4人组能产生更多的认知冲突。偶数成员的合作小组比奇数成员的合作小组表现得更成功。除此以外，小组规模还取决于学习材料、任务的特定性质（如难度）、组员的合作交流技能以及任务给予的完成时间等诸多因素。总之，教师在设计小组时要根据具体情况决定适宜的小组规模,不存在统一的标准。

3. 创设有序、安全的教学氛围

科布(Cobb)等研究者在观察研究中还发现接受学生质疑、支持学生不同想法、鼓励学生参与课堂讨论的教师,其学生在课堂中更踊跃发言,提出不同的问题与观点。学生问题的提出、回答,观点的辨别、澄清等是课堂讨论深入进行的保证,因此教师用言语表现出对学生回答问题的欣赏,并适时对学生观点表示赞扬,无疑会增加学生的自信心。可以是"如果你有不同看法,请大胆说出来,这才能保证我们课堂讨论能继续进行下去"。也可以是"如果你有想法、问题,那么请在课堂上说出来与我们共同分享,看看其他同学是否也有类似疑惑"。这些教师言语都让学生意识到自己的发言不仅有助于自己的学习,也有助于教师的教学、其他同学的学习。

为促进合作学习,教师要制订小组合作学习的步骤、标准,具体明确学生什么时候是聆听者、什么时候是发言者、什么时候是提问者,让他们了解自己的角色、地位,从而保证他们能积极参与交流,有序展开讨论。为了使合作学习取得更好的效果,教师还要反复传授并示范以下人际合作技能:(1)积极倾听。当小组中有学生在陈述自己的观点时,其他成员应专注地听取,并积极地进行思考,找出与自己观点吻合或有分歧的地方。(2)相互尊重和鼓励。小组合作中人人平等,不准嘲笑他人的观点。对于不善表达或对讨论内容持有较多错误观点的学生,要多给他们陈述观点的机会,不断鼓励他们表达自己的观点和疑问,鼓励他们积极寻求帮助。同时,也鼓励其他成员积极提供相应的帮助。

二、引导维护小组合作的学习过程

教学决策的专家—新手研究表明,专家教师之所以表现出比新教师更有效的教学行为,在于其不同于新教师的决策过程。专家教师在决策过程中除了要考虑当前教学目标,还对教学情境更敏感,不仅能提取一般的学生知识,还能提取特定学生的知识学习特点,从而做出更具有针对性的教学行为。可以这样说,教师越了解每位学生特有的学习特点,则越能胜任教学。因此教师形成特定学生的知识学习模型意义重大[3]。

特定学生的知识学习模型由该学生个性心理(性格、气质、学习兴趣、学习需要等)、特有的学习风格、常用的学习策略、已有学科知识组成。其中最重要的是学生的学习知识,它包括学生已掌握的知识、未掌握的知识、错误认识与信念,以及学生知识与教师知识间的差异。教师构建特定学生知识学习模型的过程是锚定—调整过程（anchoring and adjustment process），其开始于教师头脑中已有的关于学生一般性知识学习模型或教师自己的知识学习模型；然后教师根据特定学生在学习过程中的表现，如表现出的学习偏好、知识偏好，或不同于其他学生的学习特点、学科知识特点，推断该生的学习特点及所拥有的知识，构建特定学生知识学习的初步模型；最后在课堂教学中教师再根据不断收集到的关于该学生学习的新信息，逐步修订特定学生知识学习模型[4]。

教师在构建特定学生知识学习模型时往往会出现"错误一致性效应"，即由于过于强调学习、知识等的共性，教师总是倾向于将自己的知识、信念、态度与学习行为视为与他人一致，甚至认为更能代表他人，导致高估学生学习程度，认为学生掌握更多的是正确知识，错误知识较少。要避免这种现象出现，教师应不断地与学生进行言语互动。如果师生间的言语沟通流畅无阻滞，则教师可以根据自己的学科知识来推测学生也掌握了对话中所蕴含的已有知识。在言语互动过程中，教师可通过关于事实性知识的提问，如，"对于此点，你还有什么要说的?"；通过诊断性知识的提问，如，"刚刚这位同学的回答，是对的还是错的?"；通过质疑性提问，如"为什么……?"等引出学生的回答或反馈，从而了解学生当前知识学习程度。除了明确提出各种问题外，教师还可以在教学过程中观察学生在特定情境中的言行举止以推测其学习表现及程度，如，教师可能会观察到学生在难易程度不同的学习任务中存在细微的行为变化，从而可以间接判断学生对不同知识的掌握程度。

即使如此，教师还是会高估学生的知识学习程度。这是因为教师在知识掌握评价上存在以偏概全、以一推十的现象。根据认知心理学的知识层级网络结构以及奥苏伯尔与布鲁纳对学科知识体系的认识，学科知识体系遵循着纵向上由抽象到具体、横向上综合贯通的原则。学科知识体系中的上位知识更抽象概括，下位知识更具体，其可能是上位知识的例证。因此教师在判断学生学习程度时，不能仅凭学生对特定问题的正确回答就推测其掌握了所有相关知识，只能判断学生掌握了当前知识以及与之相关的下位知识。

三、鼓励、激发小组合作的学习生成

雷斯尼克（Resnick）认为要实现高效讨论，教师要维护学习团体、促进学生严谨思维、确保学生知识可靠，因此，教师应提供各种支架支持小组合作学习。支架是教师等成人在评价学生学习基础上给予的促进学生学习的支持与帮助。它可以是教学软件,可以是与学习相关的实物呈现等,但在小组合作学习中,教师支架主要表现为教师的不同言语指导行为。支架不是直接告诉学生知识,不是针对学生回答提供直接反馈,也不是提出新的问题或与当前推理无关的问题,而是推动学生进一步思考,帮助学生保持学习动力,使其自始至终都参与到学习活动中[3]。

1. 促使每一位学生都参与到课堂讨论中的教师支架策略

研究表明,学生在面临其他学生提问或质疑时,更有可能认识到自己与他人观点的差异,更能激发好胜心,更多提取自己的知识,积极调动思维,澄清、精致、重组自己的观点。因此教师提问应尽可能指向更多的学生,让他们呈现自己的观点,质疑其他同学的观点。这些提问可以"支持或反对"的形式出现,如,"你同意×××同学的观点吗? 为什么?""你说的看法和×××是一样的吗? 哪里一样? 哪里不一样?"等;提问也可引发学生更多思维与观念,如,"有没有同学有不同的观点?""有哪位同学和×××的观点不一样?"等。

小组讨论不一定是以冲突的形式出现,它也可以是师生间、学生间对某一问题的彼此合作、共同解决。研究发现,个体在合作性的问题解决时,往往比独立解决问题时更容易认识到问题的不同特征,更容易建构知识间的关系,因此,教师有必要通过提问尽量让每一位学生参与到讨论中。教师提问可以让学生在之前回答的基础上进一步深入或精致,如,"谁能在刚刚×××同学的发言上再推进一些,再精致一些?";教师提问也可让学生进一步解释前一位学生的回答,如,"谁能解释刚才×××同学的意思?""谁再能用自己的语言来解释×××的观点?"

2. 促使学生从事高水平思维活动的教师支架策略

研究者曾比较了不同水平的认知活动对学生学业成就的影响。他们将学生随机分配到两个实验组学习相同材料,只是实验组一的学生进行的是单纯记忆的低水平活动,实验组二的学生进行的是成人引导下的解释活动。结果发现由于实验组二的学生更多运用解释、推理等高水平认知活动,其错误率远低于实验组一的学生。由此研究者认为教师应当更多提"为什么"的问题,而不是"是什么"的问题,以引发学生的高水平认知活动,让他们不断澄清、解释、辩护自己的观点,反思、整合自己的观点,最终达到对知识的深度理解。

在合作学习过程中,教师可以运用一些提问策略去引导学生解释、证明自己的思维,从而理清自己的思路与观点,"你能再解释一下吗?""你能举个例子吗?""你说的是不是这个意思?""你的想法是……,对吗?"教师还可以通过提问促进学生的思考,以三年级的一个"二分之一"教学片断为例,教师运用了挑战式提问。"你说1/2是将一张纸一分为二,那么我可不可以一份大,一份小?"教师还运用了"为什么"的问题,"我们看×××同学折的,为什么它是二分之一? 这个阴影部分是不是这张纸的二分之一,为什么?"教师还可以通过请学生设计问题、讲数学故事、发现生活中的数学等策略来加深学生对知识的理解。如,"你能不能找到生活中的分数? 在我们的教室里,你能不能找到分数?"

3. 促使学生认识学科知识的实质及学科知识间的关系的教师支架策略

学科知识一般由事实、概念与规则组成。施蒂格勒认为概念是对相同事物的共同本质特征的概括,是对事物间关系的概括;规则则是问题解决的基本步骤。要娴熟、灵活地解决学科问题,学生既需要掌握概念,又要掌握规则。但研究者认为概念的学习要比规则学习更重要,仅仅掌握规则不能保证学生正确理解规则中所蕴含的概念,不能保证学生准确运用规则,而掌握概念能让学习者意识到规则适用的条件从而准确运用规则,因此教师在小组讨论时不仅可以提关于规则的问题,还要提出更多关于概念的问题。以平行四边形知识的学习为例,教师在演示平行四边形周长的计算时,可以问关于步骤的问题,"接下来的一步是什么?";可以问概念、规则分析的问题,"今天讲的平行四边形的概念与之前所学的长方形的概念、正方形的概念有何相同之处,有何不同之处?""你为什么选择这种计算平行四边形周长的方法? 你的考虑是什么?";可以是精致性问题,"除了这些特征以外,平行四边形还有没有其他特征?";可以是引导学生发现知识关系的问题,"我有点想知道平行四边形的概念与长方形概念、正方形概念间的关系,大家通过今天学习时有没有发现什么?"

4. 促进学生知识应用的教师支架策略

上述教师支架行为主要发生在新知识意义习得阶段,旨在促进学生知识理解。知识的最大价值在于问题解决,因此教师还有必要在问题解决的不同阶段提供适宜支架,以让学生了解知识的应用情境和适用条件。

问题表征是指明确问题给定的条件、目标及允许的操作。在问题表征阶段,教师可运用的支架行为有:(1)描述问题,即教师言语陈述问题以让学生明了问题的关键信息;(2)问题比较。教师可通过言语来比较当前问题与之前相似问题,以让学生明了两者间的联系与区别。

问题解决阶段主要是让学生寻找可能的问题解决策略,提取相关知识进行问题解决。在这一过程中,学生面对问题可能会无从下手、一筹莫展,这时教师可以采取:(1)分解任务并完成部分任务,即通过言语将任务进行分解并解释,教师完成一部分任务,以允许学生在自己的水平上参与进来。(2)导向性问题。通过提问让学生思考知识的来龙去脉或问题朝向。(3)出声思维。在问题解决或推理的过程中,教师还可以将思路用言语报告的方式让学生明了解题思路。当学生在解题过程中出现偏题时,教师则有必要采取以下支架行为:①提醒问题解决目标。教师通过言语让学生将注意力集中在当前问题解决目标上,并鼓励学生进入与当前目标相关的下一步解决步骤。②重新引导学生。当学生在思考过程中误入歧途时,教师通过举例子等方式让学生明了自己思维的错误。

5. 调节学生学习情绪的教师支架策略

学习过程中经常出现的情绪是困惑、焦虑与喜悦。与学习有正相关的情绪情感是喜悦和困惑。前者能让学生保持学习投入;后者则能让学生意识到自己缺乏对特定知识的完整理解,从而促进学生回忆已有知识、翻阅书本、请教周边人群。自我效能感低的学生在遭遇学习阻滞时往往会体验到焦虑,更容易放弃、退出学习。而自我效能感高的学生则更容易出现困惑,更乐意投入其中直至学习任务完成。在学习过程中,教师可通过提供情感支架让学生摆脱焦虑、体验困惑与感受喜悦。

教师与学生的无主题式闲聊似乎会影响学生学习,有研究表明学生认为闲聊非常重要,是一种有效的情感支架行为。当学生焦虑时,教师可通过闲聊让学生摆脱焦虑;当学生喜悦时,闲聊可以让学生产生信任,使师生关系更为融洽、稳定。

对于自我效能感低的学生,教师应当积极回应学生言语。当学生回答正确时,应给予积极肯定的反馈与奖励,以增加其自我效能感;当学生遭遇焦虑,表现出神经质,产生担忧、被控制感时,教师应通过言语告诉学生该状况出现并不是能力不足导致而是知识缺陷所致,并及时告诉学生相关知识,以缓和这种负性情绪。

学生困惑的外显行为主要有:(1)不能准确运用知识;(2)出现停顿,或者要求更多时间去思考;(3)去寻求帮助;(4)准确运用知识,但同时表现出不肯定,或要获得他人的肯定。没有伴随学生学习困惑的教师深层解释,其学习效果与教师浅层解释的学习效果一样。让学生在学习过程中尽力解决问题,即使他们表现停顿或错误,也比直接告诉学生的学习效果要好。教师应通过反问、举相互矛盾的正反例等方式创造机会让学生出现学习困惑。当学生表现出学习困惑时,才会采取积极学习行为,在此时,教师支架行为会更为有效。

参考文献：

[1] 杨翠蓉,周成军,韦洪涛.促进课堂讨论的教师提问[J].当代教育科学,2013,12:20—22.

[2] 余明.合作学习小组能力构成因素对互动过程与学习效果的影响研究[D].华东师范大学硕士论文,2005.

[3] 杨翠蓉,韦洪涛.锚准与支架:课堂言语互动中的教师行为探讨[J].当代教育科学,2015,14,即将发表.

[4] 高向斌.美国一项合作学习实验研究评介[J].外国中小学教育,2001,1.

第四节　小组合作学习的实效评价

　　学习是循序渐进的,学生只有掌握前一阶段的知识之后才能顺利进入下一阶段的学习。学习效果受前面学习过程的影响,因此在每一阶段学习完毕,都有必要对学生学习进行评价,以决定学习进程。长期以来,学生学习评价方式是教师通过设计不同类型的试题,通过不同形式的测验来实现。合作学习作为一种学生主动学习方式,不仅能让学生获得学科知识与技能,而且培养他们主动求知的能力,发展他们合作过程中的人际交流能力。而主动学习的意识、人际交往技能很难通过测验来进行测量,因此除传统测验外,有必要寻求其他评价模式与方法来评价学生的合作学习过程与结果。

一、小组合作学习的评价模式

　　正如约翰逊兄弟指出小组合作学习需要学生面对面的互动、小组良性的内部依赖、小组成员的合作技能、小组成员的监控。因此有效的小组合作学习需要小组成员的良好责任意识,主要是形成维护正确知识的责任、积极进行科学思维的责任、维护学习团体的责任;需要小组成员在认知上集思广益,在情感上彼此支持;需要学生具备语言表达技能与待人处事的社交技能。实际上,如果小组合作过程顺利进行,小组成员的上述责任意识与思维技能、表达技能、人际技能在教师的支持与指导下都会不断得到提高。为了解学生的能力发展情况、学科知识掌握情况,为教师在之后合作学习过程中提供有效的支持与指导,有必要运用形成性评价与总结性评价的结合模式对学生合作过程与合作结果进行测量。总结性评价又称为终结性评价,通常是在一教学活动或一门课结束后进行,对学生学习过程进行测定,如,章节作业、单元测验、期中测验、学期测验等。它是一种传统的学习评价方式,已为教育管理者、教师、学生等所熟悉。形成性评价又称为过程性评价,它是一种在课程教学实施过程中对学生学习进行评价的方式[1]。其出现是源于 20 世纪 70 年代教育研究者对传统的总结性评价仅关注学生学习结果的不满。他们认为学生学习质量不仅反映在学习结果上也会反映在学习过程中;评价不应仅关注学习效果,还应关注学生学习方式,学习中表现出来的情感、态度与动机。形成性评价能了解学生学习中的认知过程。该评价方式能对学生学习中的思维过程进行诊断,知道他们在什么环节出现思维错误;还能对学习过程中学生的情感、态度、价值观进行评价,了解学生的学习参与程度,他们的学习兴趣与学习动机。总之,过程性评价采取目标与过程并重的价值取向,能对学生学习的动机效果、过程以及与学习密切相关的非智力因素进行全面评价。它不仅关注学生学习效果,还是诊断与改进学习的一种手段。

形成性评价在评价过程上注重对学习动机态度、过程和效果进行三位一体的评价。在评价方法上,形成性评价既支持对学习结果的外部测量,也提倡运用质性方法,对学习过程进行开放式的评价,可以运用多种方法,如,观察法、问卷法等。在评价主体上,形成性评价主张学生与教师共同参与、共同构建评价方法,一改以往学生是评价客体的现象,使得学生学习过程不断优化。

二、小组合作学习的评价规则

(一) 评价主体

小组合作学习的评价不仅有总结性评价方式,还更侧重形成性评价,因此它改变传统的单一教师评价学生的方式,还让学生个体、学习小组参与其中,展开学生、学习小组的自评与互评。

学生可以先在教师指导下详细阐述一套用来评价其表现的标准,建立一套显示其优缺点的指标;然后学生评价其自身的行为和技能;之后再根据评价结果制订计划来发展他们的技能和行为,或对评价过程与结果进行反思,继续改善他们使用的标准。

小组合作学习结束后,教师还可以组织小组自评。教师可以给学生留出时间,让小组成员就他们自己与他人一起学习的过程进行评价,描述小组成员在达到小组目标的过程中有效的行为与需要继续改进的行为。紧接着小组成员共同反思对合作学习过程与学习结果有帮助的行为、积极行为或消极行为。最后在分析观察数据、反思并给出积极反馈后，小组要准备设定改善目标，对需要改进的地方提出具体建议。

与过往教师评价过于关注学生学习结果不同，小组合作学习的教师评价还要关注小组成员个体的学习表现，对他们的学习行为、参与程度等进行质与量的测量、分析。教师要关注小组合作学习过程，以全组表现为基础对小组合作过程与结果进行评价。

(二) 评价原则[2]

1. 发展性原则

所有小组合作学习评价活动的宗旨在于促进学生进一步进行有效学习，要体现出学生的发展。学生与教师在设计与实施小组合作学习评价时要考虑到学习小组与小组成员的社会发展变化与个体自身变化，要注重学生的发展趋势，要理解学生的差异发展和个性发展。通过评价，要让学生看到自己的学习表现和学习结果与昨天相比出现了变化，只有这样，学生才能够明确学习的努力方向，知道该怎样去做。

2. 全面性原则

在进行小组合作学习评价时，要明确学生是具有主动性、能动性的人，而不是被动接受知识的容器。因此，在设计评价内容与指标、确定评价方法时，要以学生各个方面为评价内容，而不仅仅局限于学生的学科知识与技能，还应包括学生兴趣、爱好、意志等。评价指标体系的设计也应完整、全面，不能遗漏一个评价项目，各评价项目间也不能相互重叠或重合，而应相对独立、完整。

3. 客观性原则

客观性原则是教师与学生在编制评价标准时要遵循的原则，也是进行评价实践活动时要遵循的一项基本原则。小组合作学习的评价目的、评价内容不仅要明确，而且评价标准、评价措辞也应力求准确、直观、合理、恰当，只有这样，才能确保小组合作学习评价的有效进行，使得小组合作学习有效实施。

4. 一致性原则

教师与学生在设计形成性评价方法时，应保证小组合作学习评价的各项指标设计必须遵循与学习目标相一致的原则，与学校教育目标发展趋向保持吻合；必须遵循各项指标的标准等级与标准要求等项内容基本一致原则，可以使评价标准具有通用性与可比性。

三、小组合作学习的评价内容

合作学习评价标准体系由评价内容结构与评价指标构成两部分组成。内容结构是指将需要评价的内容进行分解，并列出相应项目。指标构成是指对一个完整的评价要素用规范化的行为特征进行描述与测定。评价内容结构是评价标准体系的基础，指标构成是对内容结构各项素质的分解与可操作化，两者相结合才能构成完整的合作学习评价标准体系。

进行小组合作学习评价时需要合作小组集体的评价与小组成员个人的评价相结合，不过更侧重于对小组集体的评价；需要学习过程评价与学习结果评价相结合，不过更侧重于对过程的评价。其评价不仅重视认知目标的达成，也强调非认知目标的实现，要将学生在小组合作中的表现、对问题解决策略的运用、社交技能使用等纳入到评价内容中；不仅要关注任务完成过程与结果，还要关注小组成员的人际促进与工作奉献。

对小组成员的个人评价内容具体包括 6 个方面[3]。

1. 参与合作学习的情感与态度。指对他人或自己的积极心理倾向和健康的情感，如是否积极、愉快而又有兴趣地参与合作学习，能否尊重同伴、独立思考等。

2. 获得和提供信息的技能。指能从他人那里获取有关事实、听取意见，有为别人提供事实、发表意见、解释问题、提出建议的能力，如询问有关人和事、请求解释、提出解决问题的思路等。

3. 请求帮助和支持的技能。指能主动地关心和帮助同学，对他人的提议和想法表示拥护，并在其基础上进一步发展，如对别人的意见进行复述并补充，对别人的帮助表示感谢等。

4. 引导和阻止的技能。指讨论谈话时引起其他人讲话或使其停止讲话的能力，如讨论时启发沉默者发言等。

5. 自控与协调的能力。指自己遵守纪律、听从安排、关注他人、礼貌待人、有序发言、相互勉励的能力，如不随意离开座位、发言声音适中、实施鼓励性评价、维护组内纪律等。

6. 异议与概括的能力。指能有意识地、直率地表达不同意见，或对他人的观点、见解进行批评，用简单明了的语言总结讨论要点。如反驳他人，总结其他同学的发言要点与不同观点等。

在对小组成员进行个体评价基础上，可以对小组合作学习过程进行相应评价，其评价可分为 6 个等级[4]。

1. 整体协作

小组每个成员都能够从整体上提出解决问题的策略，或针对别人所提出的解决策略进行质疑。小组内部在任务完成过程中会对不同观点进行讨论、交流,然后根据各种不同观点的理由,分配不同的组员使用不同的方法来解决任务。小组也可以在讨论基础上取得共识,明确问题解决的各步骤并完成任务。另外小组在任务完成过程中可以随时对出现的新情况作出敏锐的判断,与本组其他成员进行积极讨论。

2. 部分协作

小组成员在整个合作学习过程中虽然不能提出与别人不同的意见,但是他们能够从不同角度进行分析与讨论,陈述自己的理论,而且成员发言被小组其他成员所接受。经过协商,小组获得共识,然后能够全身心投入,参与到任务完成过程中,并随时注意任务完成过程中出现的各种新情况与问题。

3. 非本质性协作

小组成员提出的问题都是与问题解决无关的非本质性问题。例如,在完成购买食品任务时,会提出余钱可以购买什么东西等与计算无关的问题。小组成员在合作过程中一般能够认真倾听小组中的不同意见,接受别人所提的理由,能较好地接受小组分配的协作任务。

4. 形式性协作

小组成员能够倾听别人的争论和观点,但不能提出自己的观点,也不能质疑他人的观点。整个小组合作过程中,如果没有明确任务,则小组成员虽然乐于参与到任务完成过程中,但是多从事对任务解决无实质性帮助的工作,如,将讨论结果写下来等,使得任务不能圆满完成。长此以往,这种小组合作学习形式会损害学生参与合作学习的积极性。

5. 少数人的协作

多数小组成员在小组讨论过程中的发言不能切中要害,使得自己不能引起其他成员的关注。有些成员提出问题要求帮助或企图交流时,却往往被忽视。上述两种情况使得他们参与小组合作学习的意愿越来越低,参与频次越来越少,使得小组合作学习成为少数一两个成员的合作学习,其他成员则是将小组合作成果抄下来,完成个体作业。

6. 不协作

在小组合作活动中,成员表现出消极情绪,完全不关心小组所讨论或争辩的问题;他们在合作学习过程中游离于小组活动之外,不愿意接受他人观点,对小组能否完成任务,能否取得进步持无所谓态度。

四、小组合作学习的评价方法

（一）对小组合作学习过程的评价——形成性评价中的具体方法

1. 观察法

观察法是按照观察目的，有计划、系统性地直接观察学生个体的行为表现，并对观察的事实加以记录和客观的解释，以了解学生行为的一种方法。观察记录方式主要有项目检核表、评定量表与轶事记录。目前用于小组合作学习过程的观察法多为项目检核表与评定量表法，它们将要观察的学生特质或行为作为一个个项目陈列在表格上，方便学生或老师进行记录。

2. 问卷调查法

问卷调查法是以书面提出问题搜集资料的一种方法。教师将要调查的问题编成一个个项目，请学生当面作答，从而了解学生对个体或小组合作学习的看法或意见。在问卷中，问题及问题答案都已给出，因此方便学生作答，且较为客观。

3. 档案袋评价法

档案袋是由学生在教师的指导下搜集起来的，是反映学生的努力情况、进步情况、学习成就等方面的一系列学习作品的汇集。因此档案袋评价又称为"学习档案评价"或"学生成长记录袋评价"，是以档案袋为依据对评价对象进行的客观的、综合的评价。它是形成性评价的一种常见方法，关注学生成长、改变历程和表现性行为，既注重学习结果也注重学习过程，更能显示学生成长的历程、进步与成就的现状。档案资料的内容和形式可以是作品、操作与演示活动、评定量表、检核表、连续性记录、轶事记录、测验和成绩、典型作业、反思性文字、竞赛成绩、他人评论等。资料呈现方式可以各式各样，如文字资料、手稿、照片、图画、剪报、证书、录像、录音、报纸杂志等。除此以外，学生档案袋还应包括学生对"成长"、对"作品"以及对制作档案的历程进行自我反思或评论的证据，这不仅可让学生更深入地理解学习内涵，而且能培养学生自我评价、自我反思、自我选择、自主成长的能力和品质。

（二）对小组合作学习结果的评价——总结性评价中的具体方法[5]

1. 设置小组奖励分的个别化测试

目前该方法的运用最为广泛。学生在各小组中先进行互助合作复习，之后每人单独参加测试获得一个分数。如果小组中的全体成员都达到或超过教师预先设定的标准,那么每个人还能获得一个奖励分。该评估方法的一个最突出特点是设置奖励分。奖励分的目的是:(1)保证责任到人。它要求全组内的每个人都要努力,并主要是基于个人的表现评估。(2)要求积极互助。奖励分并不是个人努力的结果,它要求全组成员密切协作,共同达到一定的标准之后才能享有。(3)避免打击优生。

2. 小组成果共享法

小组成果共享法通常有两种策略。一是小组共同完成一个任务,如,一份报告、一篇文章、一个练习等。然后教师、小组或全班同学对小组成果进行评价打分。此分数就是小组作业得分,小组内每一位成员的得分都是一样的。另一种是小组完成合作学习后保证小组每一位成员都理解了学习内容,然后小组统一参加测试。接着,教师在小组中随机抽取一位小组成员的试卷进行评分,该成员的分数就是小组所有成员的分数。小组成果共享法把责任到人和积极互助等基本要素纳入小组活动,能促使成员全身心参与到小组活动中,并且彼此之间互相帮助。

3. 合作测试法

传统测验希望学生从头脑中提取平时所学的知识与技能,然后作答在测试卷上。合作测试法不同于传统测验,它允许小组成员先对测试题目展开讨论,然后根据讨论情况每位成员在给定的时间里独自答卷。它的目的是让学生对一个问题一起展开分析,但无需达成一个统一意见。学生在讨论中可以形成自己的看法,并把这些想法独自写在卷子上。小组合作学习很少运用这种评价方法,因为它需要每位小组成员全身心地参与其中,对测试题目展开讨论,而不是依赖小组中一两位成员提供答案。

参考文献:

[1] 高凌飚. 关于过程性评价的思考[J]. 课程. 教材. 教法,2004,10:15—19.
[2] 操昌林. 建立科学合作学习评价体系的原则和策略[J]. 新课程研究,2013,3.
[3] 夏忠华. 小学生合作学习能力评价的理论思考[J]. 教育发展研究,2004,5:93—94.
[4] 王秀莲,高向斌. 合作学习课堂参与的等级评量[J]. 教学与管理,2001,5:18—19.
[5] 郑淑贞. 合作学习的评估方法评述[J]. 浙江教育学院学报,2004,1:90—95.

2

见证课堂改进的成效

第一节 课例研究的叙事报告

在基础教育课程改革的大背景下，小组合作基本上成了中小学课堂教学的一种常态，语言学科的教学也不例外。因为语言的学习需要通过人际互动来实现，包括语言知识的巩固以及语言运用的实践。但是，在具体的教学过程中，小组合作学习从设计到实施，尚有很多问题值得再思考，例如，小组合作的内容如何确定？小组合作的形式如何创新？小组合作如何分组才合理？研究小组以小学英语学科为例，针对上述问题进行扎根课堂的实践研究，以期提升小组合作学习的理性认识和增进其设计与实施的实践智慧。

一、第一次课试教

教师选择的内容是人教版英语三年级下册 My Birthday 单元第二部分 Let's Talk，当课堂的教学目标设定为能够熟练运用 12 个月份、30 以内的序数词以及 When is your birthday? 和 What's the date? 两个句型进行有关生日、节日、纪念日的英语会话实践。

（一）值得肯定的两个方面：

1. 教师在课堂上组织了 3 次小组合作学习活动，针对学生关注的兴奋点进行了有意义的生活联系，以生日话题为中心，活动主题与单元内容密切相关，很好地突出了单元主题。

如,第一次活动是小组针对周杰伦等 5 位明星的出生月份进行问答,第二次是小组针对周杰伦等 5 位明星出生月份及日期进行问答,第三次是在小组内做生日调查的活动。

2. 在部分小组活动过程中,教师进行了有意义的自由分组尝试,促成了学生积极学习情形的出现。

如,在针对周杰伦等 5 位明星进行生日问答的环节,教师让学生自由结对,针对自己喜欢的明星进行合作问答,学生表现得很积极。

(二) 存在的问题及原因诊断:

1. 小组合作的形式以问答为主,形式比较单一。

课堂上组织的 3 次活动基本上都是以 When is your birthday? 和 What's the date? 来展开,主要是问答的训练。如:

> When is Pan Weibo's birthday?
> It's in July.
> What's the date?
> It's July 6th.
>
> ...

2. 小组学习的内容局限于 12 个月份和部分序数词,课堂学习过程中的信息量偏少。

课堂上教师唯一添加的内容就是 5 位流行明星,但也局限于生日信息,致使课堂上小组活动的内容显得单薄。

3. 部分小组合作学习活动的设计不周全,目标词汇运用出现错误的比例较大。

如,选取周杰伦等 5 位明星生日时,所有日期没有涉及 1、2 和 3 做序数词时词形需要特殊变化的情形,致使在最后一个小组活动即"做生日调查"中,10 个小组的学生采访员针对 36 名学生的出生日期记录中出现了 7 处错误。

4. 部分小组合作学习活动的指导不到位,致使活动实效性大打折扣。

如,在"做生日调查"的小组合作活动中,教师让 4 人一组,其中一个学生对全组做调查。本来是需要采访员与小组成员就"name/birthday/favorite food/ability"这 4 方面进行英语采访并做要点记录，但很多组的采访员都是用汉语提问，只是在机械地完成填空任务。

5. 部分小组合作学习活动的设计，在内容上有些重复。

如，把有关周杰伦等明星的生日话题细分成了月份和日期来组织两次合作活动，任务划分不太合理。

(三) 改进的建议：

1. 在课堂导入环节，可以针对月份和表示一个月里 30 天的序数词来设计小组的接龙游戏，既可以活跃气氛，又可以复习前面刚学习过的词汇，为新课的句型运用做充分的预热及准备。

2. 在有关生日主题的小组合作学习过程中，也可以适当进行拓展，比可以与季节相联系设计问题，还可以引入六一国际儿童节、国庆节、母亲节、父亲节、感恩节等节日的日期和星期等信息进行交流互动。

3. 在小组活动设计上，考虑以恰当的梯度编排，从而实现循序渐进的学习旅程。

二、第二次课改进

(一) 课堂发生的积极变化：

1. 教师在小组活动的组织形式上做了新的尝试。

如，设计了学生两两面对面听音乐练习 Chant 的游戏。本次小组活动既调动了学生学习的状态，又复习了表示 12 个月份的单词。Chant 内容如下：

When is your birthday? When is your birthday?

Listen and do! Listen and do!

January and February, raise your hand!

March and April, up you stand!

...

又如,在小组一起练习月份和序数词时,教师也编排了简单易学的 Chant:

January, January, the first is January.

February, February, the second is February.

...

2. 教师根据课堂上动态生成的信息组织小组的问答活动,任务显得真实和有吸引力。

如,教师把 12 个月份和 30 个日期组合设计成一个坐标,教师说出自己的出生月份和日期并填写之后,开始询问 3 名学生的生日并填写进坐标中,然后组织学生分组针对坐标上的信息进行小组合作问答。(Apr. 7th, Apr. 21st, Aug. 23rd, Jul. 1st)

(二) 存在的问题:

1. 对创新的小组合作形式利用不充分,没有出现预期的高涨的学习热情。

如,在课堂导入环节引入的 Chant 练习的小组活动中,本来是需要学生边念 Chant 边根据指令做相应动作的,教师简单化地让学生两人一组从头至尾和着节奏说唱了一遍。活动本来应该是一部分学生发指令,一部分学生做动作,结果却导致这种益情益智的机会丧失。

When is your birthday? When is your birthday?

Listen and do! Listen and do!

January and February, raise your hand!

March and April, up you stand!

...

2. 教师对小组合作学习的内容拓展不够,学习的机械重复性使课堂导入环节激起的学习兴趣开始减退。

如,在经过了 Chant 练习的课堂导入部分,和教师组织学生代表在设计的月份与日期组成的坐标上填写自己的生日之后,在大约 10 多分钟的时间里,教师组织的小组合作学习就是针对 4

位同学的生日信息进行记忆游戏,意义与价值大打折扣。

在课堂最后生日调查记录的环节中,10 个小组的记录员调查到的 33 名学生的生日记录中,有 4 项出现错误。

3. 教师在组织小组合作学习时,指令不清楚,致使学生茫然无措的情形屡屡出现,影响了活动本身的顺利开展。

如,课堂导入部分的听音乐进行 Chant 说唱练习,教师直接播放音乐,接着让学生两两面对面站立,学生们机械站立,等教师下一步安排,教师和着节奏说唱完第二句时,学生们才反应过来跟上。

(三) 改进的方向:

1. 周全地设计小组合作学习的任务,要求明确,检查结果,从而使得知识的学习收到切实成效。

2. 进一步创新小组合作学习的形式,使形式喜闻乐见,让学生身心投入,从而使得情感的体验表现刺激快乐。

3. 整体地权衡小组合作学习的布局,由浅入深,由易到难,从而使得学习的旅程体现循序渐进的特点。

三、第三次课提高

(一) 课堂发生的积极变化:

1. 小组活动增强了趣味性、竞技性,学生积极投入。

如,教师引入了由 12 个月份名称改版的 *Happy Birthday to You* 歌曲,让小组练习歌唱。因旋律熟悉,改版有些时下流行的"山寨"风格,课堂学习气氛一开始就变得高涨。部分歌词如下:

My birthday is in January,

My birthday is in January,

My birthday is in January,

When is your birthday?

...

接下来,教师组织了 4 个小组之间的歌唱比赛,每个组都尽力表现得声音洪亮,歌唱流利,课堂学习气氛一下子被掀起到了一个高潮。

2. 小组活动增加了真实性,生成变得灵活而丰富。

如,教师在最后一个环节设计了学生两人一组对前来听课的 20 多位教师进行有关生日的采访并记录,合作学习过程新鲜而真实,灵活动态地生成了很多信息。

3. 小组活动加强了指导和示范,保证了活动顺利进行。

如,在最后做采访的环节,教师给出了一个充分样例,并与一位教师现场进行示范,包括怎样问,怎样做记录。教师提供的采访提纲如下:

A 方案:

A: What's your name?

B: ...

A: Is your birthday in ...?

B: Yes.

A: What's the date?

B: It's ...

B 方案:

A: What's your name?

B: ...

A: Is your birthday in ...?

B: No.

A: When is your birthday?

B: My birthday is in ...

A：What's the date?

B：It's...

4. 小组合作活动的设计体现了递进，整堂课的小组合作学习循序渐进。

如，练习月份和序数词的小组合作活动属于"基础巩固性"，根据示范创编 Chant 的小组合作活动则属于"语言创造性"，最后要学生两人一组完成的生日调查任务则属于"综合实践性"，这样小组合作的学习活动表现出了层次感，而不是同一水平线上的重复。

5. 小组活动设计有精致化的体现，且突出了目标达成中的难点，针对性强，达成度高。

如，在练习序数词的小组活动中，教师做了许多盘折纸，每一张折纸上都写有一个序数词。装满折纸的盘子一开始藏在每一组一个学生的座位抽屉里。其中特别罗列了 1、2、3、21、22、23、31 等 7 个需要做特殊变化的序数词。

最后回收的生日采访记录显示，17 项生日记录，其中错误的只有 2 项。

(二) 课堂进一步改进的方向：

1. 小组活动的时间根据任务完成情况，适当留有余地。

如，最后两人一组做充分调查的小组合作环节中，时间比较紧，15 个小组只有 5 个小组完成了对两位教师的采访记录，7 个组完成了对一位教师的采访，还有 3 个小组未能完成采访任务。

2. 小组活动设计的精致化还有进一步加强的空间。

如，在练习序数词的环节，还可以增加写有基数词和月份的折纸。这样就可以让手持基数词的同学寻找对应的手持序数词的同学，寻找本身就是一种复习。在后面的环节还可以让手持月份的同学和手持序数词的同学配对做日期练习。

四、三次课演进的脉络：

在第一次课上，小组合作有机会，自由分组有尝试，但是合作形式单一，内容拓展有限，层次递进缺乏。在第二次课上，小组合作有创新，情感体验有快乐，不过内容拓展仍有限，层次递进仍不足，活动设计欠精致。在第三次课上，小组合作层次感明显，活动设计精致化有体现，情感体验创新高,当然活动设计精致化仍有进一步上升的空间。

五、三次改进引发的思考及相关结论

(一) 小组合作学习可能的分组形式

通过上述三位执教教师的持续实践探索,可以看出,组织小组合作学习的形式多种多样,可能的形式包括:1.位置相邻成组。位置决定组织,成组快捷简单。在上述三次课中的很多小组合作活动都是以这种形式分组进行的。2.自由组合成组。自由选择注定默契,彼此投机收获快乐。比如在该研究的第一次课中针对流行明星自由组对选择自己喜欢的明星进行互动问答。3.性别对比成组。性别决定组别,优势成就特色。在语言学科的学习上,分性别角色的小组准备和接下来的男女生对比表现,往往可以充分发挥学生的性别优势。4.差别搭配成组。先进带动后进,群体底线提升。这种分组比较适合教师对学生比较熟悉的班级,分组时让学生好中差搭配。5.正反观点成组。立场划定阵营,对决演绎精彩。这种分组的方式比较适合思维发展到一定程度的高年级,因观点不同从而可以争鸣碰撞出新知。

(二) 小组合作学习可能的表现形式

通过上述三位执教教师的实践表明,分成小组的学生以小组的形式可以展开很多学习活动,大致可以表现为:1.分组练习。目标知识通过小组合作来巩固强化,如,固定内容的对话。2.分组讨论。目标知识通过小组合作来建构拓展,如,开放性/争议性话题的讨论辩明。3.分解任务。目标任务通过分组分工来合作完成,如,全班齐动员,各组任务各不同。4.分组表演。目标情感通过小组合作来充分体验培养,如,角色扮演。

(三) 小组合作学习的实效性判别标准

提升小组合作学习成效的专题研究表明,高效和低效的学习活动差异明显。有效的小组合作学习基本上符合以下方面的标准:

1. 有目标知识准确而熟练的掌握。基于目标词汇的认知和记忆的小组合作活动,尽管没有新的生成,但只要学生在经历了小组合作学习的活动之后,对目标词汇能够准确而熟练地掌握,就是有效的小组合作学习活动。2.有新的、有意义的内容的生成。基于目标词汇和句型等进行理解和运用的小组合作活动,其有效性就是要考察其过程中的生成性。3.有积极的思维活动过程的锻炼。在各种小组合作学习活动中,只要学生在活动过程中经历了积极的思维活动,得到了有意义的思维训练,小组合作学习就是有效的。4.有愉快的情绪情感的体验。有些小组合作学习活动可能新知识的生成很少,但是学生经历了教师设计的一段小组合作学习活动之后,学习的兴趣提高了,合作的愿望增强了,这样的活动是有效的。5.有全小组学生参与融入的效果。这是从学生参与性的角度来考察小组合作学习的有效性,它要求教师设计的任何小组合作学习活动,要充分地关注学生,要保证每一位学生在教师设计的学习活动中能够有所收获。

(四) 小组合作学习的实施原则

通过本专题的持续改进研究,可以总结出组织开展小组合作学习必须遵循以下方面的原则:1.整体地把握教材,在重点难点上设计活动。比如,在本研究的三次课中,教师都比较集中地围绕有关月份和序数词以及针对生日提问的句型来设计小组合作学习活动,所以从内容上而言,小组合作学习的内容紧扣了教学目标。2.周密地设计合作,在活动前做好说明示范。在本研究的第三次课中,因为教师做了明确的说明和充分示范,所以学生对小组合作学习任务非常清楚。3.零盲区实施导控,在巡回视导中恰当介入。小组合作学习的活动主体是学生,但是并不意味着教师可以放任自流,相反特别需要教师对活动过程的指导与维护。4.尽可能扩大分享,在组内与组际间共享智慧。组织小组合作学习活动不能仅满足于在小组内的任务圆满解决,还要特别注意组与组之间的交流共享,这样小组合作活动的意义就会放大。5.及时地给予评价,在评价中突出激励肯定。对于每一次小组合作学习活动,教师都要注意运用评价的激励功能,从而使学习能够持续进行。

第二节　改进效果的全息实录

提升小组合作学习成效的专题课例研究前后进行了三次扎根课堂的实践研究及持续改进。最后一次的研究课由浙江省杭州市余杭区信达外国语小学的钟琼老师执教,给本专题的课例研究画上了一个比较圆满的句号。当次课堂的实录完整展示如下:

T：Good morning, boys and girls.

Ss：Good morning, Miss Zhong.

T：Yes. I'm Miss Zhong. OK. Sit down, please.

Ss：Thank you.

T：Now first, please listen to a song. If you can sing, please sing with the computer, OK?（教师用一手靠近耳朵,示意学生听,并一手作出拿话筒的动作,然后指向电脑,示意学生跟着电脑一起唱）

Ss：OK.

T：OK. Now let's listen to the English song.（教师转身走到电脑前播放歌曲。音乐响起）

T：Ready. Clap your hands.（示意学生拍手）

T&Ss：（教师和学生拍手齐唱）My birthday is in January. My birthday is in January. My birthday is in January. When is your birthday?

（教师伸出一手指表示一月，并走到黑板前，指出贴在上面的单词January）

T：（教师伸出双手表示"你"的动作，然后指向大屏幕，轻声说）When is your birthday?

Ss：（学生接着唱）My birthday is in July. My birthday is in July. My birthday is in July. When is your birthday?

（教师走到黑板前在众多表示月份的单词中间来回移动，找到月份July。歌曲唱完前，教师再次伸出双手表示"你"的动作，音乐停止。）

T：Can you sing the song? Can you sing the song? I can sing the song. So let's sing it, sing it, OK?（教师走近黑板，用一手做出拿话筒唱歌的动作）

T：Group by group. OK?（教师双手表示一组接一组的动作）

Ss：OK.

T：OK. If you are good, will up, up, up. OK?（教师伸出大拇指表示"棒"的意思，并在黑板上示意小组比赛一步步升高的意思）Now the first group, you can sing：My birthday is in January. Ready, go!（用一手示意第一组并指着黑板上的月份单词January。第一组学生唱，教师和学生边拍手边和学生一起唱）

Ss：My birthday is in January. My birthday is in January. My birthday is in January. When is your birthday?

（接着教师伸出双手指向第二组，并用手指做出2的动作，提示February）

Ss：My birthday is in February. My birthday is in February. My birthday is in February. When is your birthday?

（教师指出黑板上的月份单词February）

T：（教师较响地唱出最后一句）When is your birthday? 教师停顿片刻 I'm sorry. Just stop.（用手做出停止的动作，给第一组升上一格）

Ss：（教师示意第三组唱）My birthday is in March.（伸出大拇指表示赞赏）My birthday is in March. My birthday is in March. When is your birthday?

Ss：（第一组继续唱）My birthday is in April. My birthday is in April. My birthday is in April. When is your birthday?

（教师给第一组升上一格）

Ss：（第二组继续唱）My birthday is in May. My birthday is in May. My birthday is in

May. When is your birthday?

（教师给第二组升上一格）

Ss：（第三组继续唱）My birthday is in July. （伸出大拇指表示赞赏）My birthday is in July. My birthday is in July. When is your birthday?

（教师指着月份单词 July, 作出提示）

T：Great! （教师给第三组升上一格，教师指着月份单词 August, 并唱："My birthday is in August. "）

Ss：（第一组唱）My birthday is in August. My birthday is in August. My birthday is in August. When is your birthday?

（教师用一手示意学生唱得更响亮，并给第一组升上一格）

T&Ss：（教师指着黑板上左栏的月份单词 September 和下一小组的学生一起继续唱）My birthday is in September. My birthday is in September. My birthday is in September. When is your birthday? （唱的同时教师在黑板右下角的小组评价表中给该小组上升一格）

T&Ss：（教师指着黑板上左栏的月份单词 October 和下一小组的学生一起继续唱）My birthday is in October. My birthday is in October. My birthday is in October. When is your birthday? （唱的同时，教师在黑板右下角的小组评价表中给该小组上升一格）

T：Boys, great!

T&Ss：（教师指着黑板上左栏的月份单词 November 和下一小组的学生一起继续唱）My birthday is in November. My birthday is in November. My birthday is in November. When is your birthday? （唱的同时，教师在黑板右下角的小组评价表中给该小组上升一格）

T：Two group, ready go!

T&Ss：（教师指着黑板上左栏的月份单词 December 和下一小组的学生一起继续唱）My birthday is in December. My birthday is in December. My birthday is in December. When is your birthday?

T：（教师用手势示意学生是在问她，教师就接下去唱）My birthday is in June. My birthday is in June. My birthday is in June. （师转为说）My birthday is in June. Do you know June? （教师用手在黑板左栏月份单词边上下滑动）

T：（教师听到下面有学生回应）Yes, yes boy, great! June. （教师指着 June）Yes or

No? It's June. And what's the date in June? Do you want to know? June the ninth. June the ninth.（教师在黑板上写上日期）June the ninth. Yes，Miss Zhong's birthday is June the ninth.（同时在黑板上写上 June）

T：OK! Now,（教师伸出手指做成9）Show me your fingers. Nine.

Ss：Nine.

T：Nine.

Ss：Nine.

T：Ninth.

Ss：Ninth.

（教师伸出手指做 1 的形状）

Ss：One.

T：One.

Ss：One.

T：One.

Ss：One.

T：I can say one one first.

Ss：One one first.

T：One one first.

Ss：One one first.

（教师伸出两个手指）

Ss：Two two second.

（教师走向另一边学生）

Ss：Two two second.

（教师伸出三个手指）

Ss：Three three third. Three three third.

（教师又伸出四个手指）

Ss：Four four fourth.

（教师伸出五个手指）

Ss：Five five fifth.（有的学生 fifth 没说清楚）

T：Five five fiveth?

Ss：Five five fiveth.

T：Yes or no?

Ss：No.

T：Five five …

Ss：Fifth.

T：Yes，OK．Ready go!（教师用手指做 10 形状）

Ss：Ten ten tenth.

T：Ten，ten …

Ss：Tenth.

（教师用手指做 11 形状）

Ss：Eleven, eleven, eleventh.

（教师用手指出示 15）

Ss：Fifteen, fifteen, fifteenth.

T：Yes, fifteen, fifteen …

Ss：Fifteenth.

T：OK, now.（教师手指出示 20）

Ss：Twenty, twenty, twentieth.

T：Yes, twenty, twenty, twentieth.（教师用手指出示 21）

Ss：Twenty-one, twenty-one, twenty-first.

T：Wow, great! Twenty-first．Twenty …

Ss：First.

T：Ready? Go!（用手做出 22）

Ss：Twenty-second.

T：Twenty-second．Wow, great, twenty-second.

Ss：Twenty-second.

T：Not twenty-two, OK? Let's say, twenty-second.

Ss：Twenty-second.

T：Ready? Go! （用手做出 23）

Ss：Twenty-third.

T：Twenty-third. Wow, great. You are super. （接着用手做出 24）

Ss：Twenty-fourth.

T：Yes. Ready? （用手做出 31）

Ss：Thirty-first.

T：Thirth ... （示意学生重复,并转身把手举高）

Ss：First.

T：Yes. OK. My hand is so small. OK. So open your eyes. Ready? （背对着学生,手举高做出 32）

Ss：Thirty-second.

T：Yes. OK. Thirty ...

Ss：Second.

T：Great. Thirty-second.

Ss：Thirty-second.

T：（拍手）You are great. So you can up, up, up. （走向黑板,将每组的旗子升高一位）Go up. （走近学生） OK, now boys and girls, you can look at my fingers and say, and you can read. （走向讲台）Can you read? （拿起讲台上装着纸片的杯子） I have many numbers （指着杯子里）on the paper. Let me try first. Let me try first. OK? （从杯子里拿出一张纸片）I will choose one and open it and see. （边说边打开纸片）I can read. I'm ... OK. I can read. En, I'm good. Eleventh. （展示纸片给学生看）Yes or no?

Ss：Yes.

T：Thank you. OK. Who want to try? （拿着杯子走近学生）Oh, you want to try. （个别学生说 me,me）Me, me, OK. I hear, me, me. OK? （让一位学生从杯中拿一张纸片）Can you say?

S1：Twenty-fifth. （读音不准）

T：（拿起纸片展示给学生看） Twenty ...

Ss：Fifth.

T：Twenty . . .

Ss：Fifth.

T：Fifth. Yes. Great.（与学生击掌）Yes. Ok.（走向学生）Do you want to try?（一手放在耳边做听状）Do you want to try?

S2：Yes.

T：（又让一位学生从杯中拿一张纸片）You want to try. Ok.

S2：Nineth.（读音不准）

（教师拿起纸片展示给学生，做 9th 的嘴型）

Ss：Nineth.

T：Yes or no?

Ss：Yes.

T：Do you want to play this game? Ah, you have a plate in your desk. Shh . . . Let's paly this game in four groups. Four groups, OK?（手势示意四人小组活动）Please take out the plate（做从抽屉里拿出盘子的动作）and play this game in four groups. Choose one and read loud. OK?

Ss：OK.

T：OK. Please look at your desk.（看学生的抽屉）Where is the plate? Plate.（有个别学生拿出抽屉中的纸）No, no, not paper. Plate. Do you know plate?（手做托盘子状）Yes, here, good.（拿起学生找到的盘子展示）Clever boy. OK, where . . . Take out, take out, take out.（示意每组学生拿出一张纸片）Play in four groups.

T：（用手势帮助学生理解）Play in this four groups. Ready, go.

（学生开始操练，教师巡视，并亲自到每组进行指导，对部分表现好的学生给予表扬，对部分差的学生进行指导纠正，并一起操练句型，用 right、great 等语言鼓励学生）

T：Are you ready? Yes? Ready?（教师走上讲台，用肢体语言示意学生停顿）Yes, put the paper, the piece of paper on the plate and put the plate in the desk, put the plate in the desk.（边说边不停地用肢体语言帮助学生理解）Yes, right. Which group can try?（教师做举手的动作，示意学生踊跃举手）Which group can try?（重复问题）And stand and say the numbers, who can try?（教师边说边切换幻灯片,错播放了生日歌）I'm sorry.（教师更换幻灯片后继续说）I have many numbers. Who can try? Who can read?（教师边说边举手用手做出读的模样,让学生明白）This group. OK. And?（一直做举手状,示意学生举手）Who can try? You.（教师请了一组学生中的一位）And you.（又请了另一组中的一位学生起立）OK, stand. Please look and read quickly.（教师边说边把手放在额头上做看的动作）OK? Read quickly. OK.

S：（个别）OK!

T：If you are good, you will up, up, up. OK?（边说边走到黑板前用肢体语言让学生明白,接着走上讲台去切换课件,并说 read. 出示 1st）

S：（个别）First.

T：Wow. Which one is the ...（用肢体语言提示学生抢答）

S：（个别）First, first.

T：（教师用手指着一位学生）Oh, this one is the first. So group 1.（教师边说边走到黑板前给第 1 组奖励）

T：（教师走向讲台）Wow! Are you ready? Try again.

Ss：Twelfth.

T：（教师笑着说）Wow! Good! And this boy.（教师走向黑板,给一组评价。教师走回讲台）

T：Now, are you ready?（点击鼠标）

Ss：（三学生）Eighteenth.

T：Eighteenth, yes.（教师指向两个学生）Boy, boy. Sit down!（拍手并竖起大拇指）Wow! You are so smart.（走向黑板给予评价）

T：（教师指黑板上的旗子）Oh, flag, flag, get the flag. Who can try?

T：（教师指向一组说）This group, stand up. And, this group. And who want to try? Try?（指向另一组学生）You, please.（转身走向讲台）OK. Are you ready? One, two, three, come on!

Ss：（三个学生齐说）Third.

T：Yes or no? Three groups.

T：（转向一听课教师）Miss Feng, can you help you, oh, help me? Sorry, help me. OK. Three, each group, up, up, up. OK?

T：（转向学生）Are you ready?

Ss：Yes, nineth.

T：（示意 Miss Feng）Wow, each group. Ready? Go!

Boy：Twenlfth.

Ss：Twenty-fifth.

T：Yes, the boy is first. Group 3. Now, sit down. Let's say it together. （教师指向各组）One, two, three, big group. Are you ready? Are you ready?

Ss：Thirty-first.

T：Thirty-first. Oh, each group, up. Ready? （教师转头看黑板，出示一手指）Wow, one flag. （指向第一组）You have one flag. （转向另两组）Come on, boys and girls. Are you ready? （点击鼠标）

Ss：Second.

T：Second, yes or no?

Ss：Yes.

T：Mm, each group can go up. （点击鼠标）

Ss：Twentieth.

T：Twentieth, yes or no?

Ss：Yes.

T：Yes, thank you. Miss Feng. Each group.

Miss Feng：Each group?

T：Yes, each group.

T：（教师看黑板，一手指黑板）Wow, now, group one and group three, you have got one flag. Come on, OK? OK? OK?

T：（教师走向讲台）Wow, I feel happy. Are you happy? Let's look at the picture. （教师点击鼠标）

T：（教师举右手指向大屏幕带领读）What day is it? What day is it? Is it National Day?

Ss：No.

T：Is it Children's Day?

Ss：No.

T：No, OK. What day is it? （用手放耳边做听音状）

Ss：Teachers' Day.

T：Yes. It's Teachers' Day.

T：（教师走向讲台，点击鼠标）Follow Miss Zhong. It's Teachers' Day. （教师指向大屏幕的句子）

Ss：It's Teachers' Day.

T：（教师点击鼠标）What's the date? （教师做看状手势并指向屏幕中黑板）You can see the date in the picture. What's the date? （走向学生，右手指向一学生）You can try? Girl，please.

S：（一女生起立）It's September the tenth.

T：It's September the tenth. Yes or no? Clap your hands.

T：And say, and say … （教师用手做张嘴的动作，小声说 me，手指向大屏幕，提示学生看大屏幕回答），and say … （教师用手做张嘴的动作，小声说 me）

S1：Me. （有一个同学小声回答）

T：Wa, great! Clap your hands, OK? （拍手走向那位学生，学生跟着拍手）Stand up! （叫起那位学生）Stand up! This girl has a birthday in September. （走向黑板，指着板书）So, let's ask her. （小声说）What's the date? Ready go.

Ss：What's the date?

T：What's the date? （重复，同时给表现好的组加分）Look at me，you say and I will write it down，OK，plese!

（学生没有应答）

T：What's the date? September the … （停顿，指向黑板）

Ss：… Twenty-fifth.

T：Oh, September the … , ready go. （示意学生再说一遍）

T&Ss：（同时说）September the twenty-fifth（边说一边板书）OK, September the twenty-fifth.（写完面向学生）Yes or no? What's your name?（走向学生把手放在耳朵上，做倾听的动作）

（学生答非所问）

T：What's your name?（笑着重复，面向学生提问）Please tell me, who is she? what's her name?（教师把手放在耳朵上，做倾听的动作）

Ss：Jiang Ruocheng.

T：OK, Jiang Ruocheng.（重复，走向黑板板书）Jiang Ruocheng，yes or no?（写完名字，转向学生）Yes or no?

Ss：Yes.

T：Yes. Thank you, Jiang Ruocheng.（示意学生坐下）OK，now，who has a birthday in September?（指向黑板）

Ss：Jiang Ruocheng.

T：And anyone else? Anyone else? Only Jiang Ruocheng? Only Jiang Ruocheng's birthday is…（有一同学回答，教师停下来，走向那位同学）

T：Is in…（提示）

Ss：In September.

T：OK，thank you.（双手搭在学生肩膀上）OK，OK，you has a birthday in September.（小声提示 What's the date?）Ready go.

Ss：What's the date?

T：What's the date?（走向黑板）September the…（提示）

S2：September the fifth.（学生不流利地回答）

（教师做手势确认是不是五）

T：It's September the fifth.（一遍书写一遍重复，写完面向学生）Yes or no?

Ss：Yes.

T：Yes. What's your name?

S2：My name ia Zhang Xuecheng.

T：Oh，Zhang Xuecheng.（在黑板上板书名字，写完面向学生）Yes or no?

Ss：Yes.

T：Oh, who has a birthday in September, too? （指向黑板，然后把手放在耳朵上，做倾听的动作，小声提示）

Ss：Zhang Xuecheng. （少数回答）

T：Who has a birthday in September, too? （提高音量再次提问）

Ss：Zhang Xuecheng. （音调随教师提高）

Ss：Zhang Xuecheng. （音调随教师再次提高）

T：What's the date? （指向黑板提示）

T：（教师边指着黑板边带读）Date.

Ss：Date.

T：/eI, eI / date.

Ss：/eI, eI / date.

T：D-a-t-e, date.

Ss：D-a-t-e, date.

T：（走向讲台，教室中间）D-a-t-e, date.

Ss：D-a-t-e, date.

T：En, in our class, there're two people two students have a birthday in September. Let's listen to the music, and guess, OK? （新年的音乐声响起!）

T：What day is it? OK, You please.

S1：It's ...

T：It's ... （边哼曲调，边提醒学生回答）

S1：It's New Year's Day.

T：Yes or no?

Ss：Yes.

T：Great！You're so smart！（教师和学生一起鼓掌，接着教师再次播放刚才的音乐，确认）

T：OK！It's ...

Ss：New Year's Day！

T：Very good, it's New Year's Day！

Ss：It's New Year's Day！Let's say.

T：（教师轻声地提醒全体学生说）What's the ...

T：Ready go！

Ss：What's the date?

T：Yeah, what's the date? What's the date?（边说边走向黑板）It's New Year's Day. What's the date? What's the date? What's the date，Boy?

S2：It's January the first.

T：Yes or no?

Ss：Yes.

T：It's January the ...

Ss：First.

T：Follow me，January the first.

Ss：January the first.

T：January the first.

Ss：January the first.

T：January the first.

Ss：January the first.

T：January the first.

Ss：January the first.

T：Who has a birthday in January? Oh, sorry, nobody. OK. No one, no one. OK, now let's look. Oh, sorry. OK，now let's listen and ...（边播放音乐边问）

T：What day is it?

Ss：It's ...

T：It's ... It's Christmas Day. Yes or no?

Ss：Yes.

（教师哼起曲调，We wish you a merry Christmas ...）

T：It's Christmas Day！Now what's the date? Christmas Day, what's the date? What's the date? It's ... It's ...

（教师边问边走向黑板，指导学生回答，接着，指着其中一位学生）

T：Go，last ...

S3：December the fif ... twenty-fifth.

T：Yes or no?

Ss：Yes.（教师边鼓掌边说，同时走向讲台）

T：Great！It's December the twenty-fifth.（教师又走回黑板，将第二小组评比的磁铁升一格后，走向讲台）

T：OK，please look at ...（音乐响起），Oh，sorry. Now let's look. It's December the twenty-fifth.

T：Twenty-fifth.

Ss：Twenty-fifth.

T：Twenty-fifth.

Ss：Twenty-fifth.

T：Who has a birthday in December?

（教师走到讲台前，点击鼠标，课件中对话横线上 January 1st 后面出现 December 25th.
接着教师手指大屏幕领读）

T：Now，let's learn. December the twenty-fifth.（下面有一部分学生一起在跟读）

T：twenty-fifth.

Ss：twenty-fifth.

T：twenty-fifth.

Ss：twenty-fifth.

T：Who has the birthday in December? Who has the birthday in ...（并把右手放在耳边，做"听"的姿势，好像听到了什么。一个男生站起来回答）

Boy：My birthday is in December.

T：Ok，right.（竖起大拇指，接着指着那个男生）You，your birthday is in December.
What's the date?（故意把这句话说得很轻，示意全班同学一起问）Ready，go!

T&Ss（面向那位男生）：What's the date?

Boy：My birthday is December the eleventh.

（教师快速走到黑板前）

T：Oh, December the eleventh（边说边把 Dec. 11th写在黑板上）December, D-e-c.（一边拼写）the eleventh Ok. December the eleventh. Follow me. Eleventh.（边说边用两根手指做 11 的动作）

Ss：Eleventh.

T：Let's ready together. Ready go.（边指着黑板边领读）

Ss：December the eleventh.

T：Ready, go.

Ss：December the eleventh.

T：One, two and three, Who has the birthday in December?（做听的动作）

Ss：Wu . . .

T：Who has the birthday in December?（指着一个同学）

Ss：Du Shucheng.

T：Oh, Du Shucheng. OK，I know. I write here.（回转身，在黑板上写上 Du Shucheng，边说边写）Yes or no? Yes or no?

Ss：Yes.

T：Yes，Du Shucheng is my friend. Are you right. Du Shucheng. OK?（指着句子）What's the date? What's the date?

Ss：It's December the eleventh.

T：It's December the . . .

Ss：Eleventh.

T：Eleventh.

Ss：Eleventh.

T：Eleventh.

Ss：Eleventh.

T：OK. Let me . . . ready? Look at, look at. Me. OK, ready, go.

T：Who has the birthday in . . .（指着 June 这个单词）

Ss：June?

T：Who has the birthday in June? (一个劲地指着自己。在座的一个同学脱口而出 Me，教师指着 June 这个单词，也有个别同学说 Miss Zhong)

T：Miss Zhong，and ... (示意一个同学回答)

T：You，please.

(一个女生站起来回答)

Girl：It's June the twenty-first.

T：Oh，What's the date? It is June the...

Ss：Twenty-first.

T：OK，June the twenty-first. (边说边在黑板上写上 June 21ˢᵗ) What's your name?

Girl：My name is Jiang Yixing.

T：OK，Zhang ... (在座学生提示写错了名字) Oh，sorry，Jiang Yixing，Ok? Jiang Yixing. (在黑板上写上那个女生的名字)

T：OK，now，What's the date? The date is ... It's June the first. OK，so，I can say a chant，OK. I can make a new chant，OK. (教师放出幻灯片) June，June. June，June. Who has a birthday in June? Me，Me.

What's the date? What's the date? It's June the nineth. June，June. Who has a birthday in June? Jiang Yixing，Jiang Yixing. What's the date? What's the date? It's June the twenty-first，It's June the twenty-first. (教师一边做手势，打节奏)

(教师回到讲台放出音乐) OK，can you make the new chant? I can make new chant. Let's listen and say. First，let me try. Let me try. OK，I chose December，OK，

December，December. Who has a birthday in December? Du Shucheng，yes or no? Du Shucheng，Du Shucheng. What's the date? What's the date? It's December the eleventh，OK，can you make a new chant? You can choose one and make a new chant，OK? OK.

Ss：(一些学生) OK.

T：Make a new chant in pairs，OK? One ask and one answer. OK?

S：OK.

T：OK，You can choose one. (教师指着黑板做出手势) Choose one，OK，are you ready? Ready go. (教师放音乐，学生练习编 chant) In pairs. In pairs，OK. (教师做手势鼓

励两人一组联系）One ask, one answer, OK. Ready, ready.（教师一边巡视，一边鼓励学生）You can choose Li Xi. You can choose "Miss Zhong", you can choose "Zhang Pengcheng", also can chose Zhang Xuecheng, yes, you can choose. September, September.

Who has a birthday in September? Zhang Xuecheng, Zhang Xuecheng What's the date? What's the date? It's September the fifth. OK, choose one. Ready go.（教师走向学生，做手势鼓励两人一组联系）

（小组活动时间，教师巡视，听和指导）

T：（走向黑板，划出个别信息）You can choose this one, this one, you can choose this one ... Who want to try?（做举手状）Who want to try? OK, Who want to try? OK?（走向某组学生）This ... You two, yes, ready go ...

S：October. October. Who has a birthday in October.? Me me, what is the date? It is October. the first.（一个学生回答）

T：OK, you can say by yourself, but you can make a new chant with your deskmate. OK? OK? You can make another one. Ready? Who can try? Who can try? OK?（指某一组学生）This group try.

S：（一问一答）June, June, who has a birthday in June? Miss Zhong, Miss Zhong. What is the date? It is June the nineth.

T：（引导）It is June the nineth.（指向黑板，鼓掌，奖励）Who can try? Who can try?（某一学生回答）OK, please, make a new chant with Miss Zhong, OK? Make a new chant with Miss Zhong. OK? I ask, you answer, OK?

S：OK.

T：OK. Are you ready?

S：Yes.

T：December. December. Who has a birthday in December.?

S：...

（教师指向黑板信息）

T&Ss：What is the date?

S：December the eleventh. December the eleventh.

T：OK, December the eleventh.（黑板上奖励）I think this group and this group, and this group.（边说边奖励）OK, come on, are you ready? Try again, OK? You sak, I will answer. OK, Ready …（指向黑板信息）June, June, ready go …

S：June, June, who has a birthday in June …

T&Ss：June, June, Who has a birthday in June?

T：Wow, Zhang Yixing, Zhang Yixing.（教师用手指着黑板上 Zhang Yixing 的名字,说完后马上把手放到耳朵边示意学生接下去说）

Ss：What's the date? What's the date?

T&Ss：It's June the twenty-first.

T：OK, thank you.（边说边把第一组和第二组的吸铁石往上移了一格）

T：Now, please look.（走到讲台后面,点击幻灯片）Ready.（出现了前面歌曲的音乐）Oh, sorry.（教师继续点击）Now, Let's …（出现了一个小女孩听音乐的画面）Listen, please. Oh, we know Zhang Yixing's birthday, Zhou Xuecheng's birthday and Miss Zhong's birthday. What about Zhang Peng and Sarah?（点击幻灯片）Let's watch the Vedio. What about Zhang Peng and Sarah's …（学生听,教师看了一下手表,继续看 Vedio。看完后,教师把无名指放到嘴边做轻声状。回到电脑前,点击 PPT。PPT 出现了三个问题）

T：OK. Now please, read these questions.（边说边指着大屏幕）There are three questions. The first question … Group 1, ready go !（说完后马上把手放到耳朵边示意学生接下去说）

T&Ss：Who has a birthday in October?

T：（听到全班齐读问题）Oh, Miss Zhong said Group 1, but three groups can read. En, yes, so smart.（教师竖起两只手的大拇指表扬）OK, but so great.（把三个组的吸铁石都往上升了一格）Now question 2. Ready go !

T&Ss：What's the date?

T：Yes, What's the date? This one louder, The girl louder.

Ss：What's the date?（学生又很响亮的说了一遍）

T：Wow, great. Yes. OK.（把三个组的吸铁石都往上升了一格）Now ready go. 3. Ready go.

Ss：What about Sarah?

T：Yes, What about Sarah? （教师手指大屏幕带读）

Ss：What about Sarah?

T：What about Sarah?

Ss：What about Sarah?

T：OK. Please think and think. （手势）Listen again. （手势）OK? （教师回到讲台，点击小喇叭图标）

Ss：OK.

T：OK. Who has a birthday in October? What's the date? What about Sarah? （学生听录音，当录音说到 What about you? /March 12ᵗʰ时，教师用口型再重复说了一遍。录音结束后教师举手示意说）OK, who can answer the first question, the first question, the first question. （学生举手很多。教师边说边移动）Who can? Who can? Who can? OK, this one can, this one can, this one can, this one can. （边说边指着举手的学生，但是教师走到第二组的倒数第二位女生旁边）

T：But I will choose another one, the girl, please. Try, who has a birthday in October?

（女生站起来回答）

S1：En, it's October.

T：Zhang Peng or Sarah? （前面的男生帮着她回答，于是老师用手势说："嘘……"并把男生的头转到前面）OK, who has a birthday in October? Zhang Peng or Sarah?

S1：Zhang Peng.

T：Yes or no?

Ss：Yes. （教师带头拍手鼓励）

T：Great. OK. This girl is in group 2. （教师跑到黑板前把女生所在组的吸铁石往上升了一格）

T：OK. The second question, what's the date? What's the date? （指向举手的学生）This girl.

S2：It's October the eleventh.

T：（教师走向讲台，拿起鼠标）It's October the eleventh. Sit down. （这时很多学生踊跃

举手)Oh, oh, oh. October. (指向一位男生,做听的动作)

S3：October the first.

T：It's October the first. Yes or no?

T(教师一边走向黑板,一边说)：Yes, you're right. Which one? Group 3. (教师拿起棋子,往上移一格)Group three. (画上一面小旗子)Now two flags. (鼓掌,走向讲台)Congratulations. Come on. (拿起鼠标)And look. What about Sarah? (教师走下讲台)Don't open your books. Don't open your books. OK. Who can try? What about Sarah? Sarah. Sarah.

Ss：(很多学生举手)Me. Me. Me.

T：(教师指向三位学生)You, you and you. Stand up. (三位学生站起)

T：(教师指三位学生)You, you, you. It's... Ready go.

Ss：(三位学生一起回答)It's March the twelfth.

T：(教师笑,示意学生坐下)OK. OK. Now, sit down. (教师走向黑板)You're all right. OK. Oh. Oh. (一边说一边给第二组加上小旗子)Two flags. (走向讲台)It's March the twelfth. OK. It's March the twelfth. Do you know March? Do you know March? (指向月份的纸条)Which one? (做听的动作)Yes, OK. Fallow me. It's March.

Ss：March.

T：March.

Ss：March.

T：March.

Ss：March.

T：March the twelfth. (做听的动作)March the twelfth. March the twelfth.

Ss：March the twelfth.

T：March the twelfth.

Ss：March the twelfth.

T：Do you know what day is it? March the twelfth. It's... (教师做锄地动作和树的形状,轻声说)It's Tree Planting Day. It's Tree Planting Day. OK?

Ss：OK.

T：(教师指向屏幕)Now do you know August the first? What day is it? It's our …

S：(一男生站起来)National Day.

T：Yes. You are good if you hands up.

T：(教师给第三组旗子移上一格)Yes，It's National Day. (指向屏幕)National Day.

Ss：National Day.

T：(教师做打开的动作)Open your books. Turn to page 32. (手指做 3、2 的动作)Open your books. Turn to page 32. OK. OK. Thirty two. Let's read. (教师拿起鼠标转到 survey 的表格)Let's read，let's read. OK，read. Are you ready?

Ss：Yes.

T：Are you ready?

Ss：Yes.

T：Yes. OK. Who has a birthday in October? Ready? Go!

(教师手势示范，来回走动)

Ss：Who has a birthday in October? Me! What's the date? It's October the first. What about you? My birthday is March the twelfth. (此处发音含糊)

T：March the …

Ss：Twelfth.

T：OK! Please look at your book. And use this(伸出自己手指) fingure to point(作指点状). Read and point，OK?

Ss：OK!

T：Now，next，let's … Group 1，you are Zhang Peng，2 and 3，you are Sarah. OK?

Ss：OK!

T：Read. Ready? Go!

Group 2 and 3：Who has a birthday in October?

Group 1：Me!

Group 2 and 3：What's the date?

Group 1：It's October the first. What about you?

Group 2 and 3：My birthday is March the twelfth.

T：OK. Good!（走向讲台，双手做交换动作）Exchange. OK?

Ss：OK!

T：Exchange. OK?（继续双手做交换动作）

Ss：OK!

T：Ready? Go!

Group 1：Who has a birthday in October?

Group 2 and 3：Me!

Group 1：What's the date?

Group 2 and 3：It's October the first. What about you?

Group 1：My birthday is March the twelfth.

T：Mmn. March the . . .（做 12th 的口型）

Ss：Twelfth.

T：Twelfth.

Ss：Twelfth.

T：Close your books. Do you know when is, when is Zhang Peng's birthday? Please tell me. When is Zhang Peng's birthday? Please tell me, together, together（做一起的动作）. Ready? Go!（手做倾听状）

Ss：It's March the . . .（此处含糊）

T：October the . . .

T and Ss：October the first.

T：Follow me. October（手做"10"的形状）the first（手做"1"的形状）.

（教师做 10 和 1 的形状）

Ss：October the first.

T：When is Sarah's birthday?

Ss：It's March（教师伸出 3 个手指）the twelfth.

T：March（伸出 3 个手指）the twelfth.

Ss：March（教师继续伸出手指）the twelfth.

T：We know, Zhang Peng and Sarah's birthday. What about our teachers' birthday?

What about our teachers'... You can see(做观望的动作), many teachers(手指向教室后面) in this room. You can see many teachers, yes or no?

（学生头转向后面）

Ss: Yes.（轻声回答）

T: Do you want to know?（手指向后面某位老师）When is ...（指向后面某位老师）the teacher's birthday? When is（指向另一位老师）that teacher's birthday? And when is that teacher's birthday? OK?

Ss: OK.

T:（走向讲台，手指向大屏幕）OK! Now, let's read. OK?

T:（手指向 CAI）My birthday is in what what what, OK?（然后面向学生提示，继续指着 CAI）What's the date?（走上讲台）Follow me. OK. What's your name?

Ss: What's your name?

T: Is your birthday in ...（继续指着 CAI 的文本）

Ss: Is your birthday in ...

T:（教师右手做倾听状态）OK. When is your birthday?（继续指着 CAI 的文本）

Ss: When is your birthday?

T: My birthday is in ...（继续指着 CAI 的文本）

Ss: My birthday is in ...

T: What's the date?（继续指着 CAI 的文本）

Ss: What's the date?

T: It's ...（继续指着 CAI 的文本）

Ss: It's ...

T: OK, let me try first.（走到讲台边，拿起调查表，走下讲台，走到第一排学生前问道）Oh, I have no pencil. Can I use your pencil?（看学生没明白，再次说道）Can I use your pencil?

（学生拿出笔递给教师）

T: Wow, thank you, boy.（接过学生的笔，开始示范如何调查）Now, I will choose ...（见学生也开始拿出笔和调查表，马上举起双手制止）please look at Miss Zhong. Please look at Miss Zhong. Put down your paper. Put down.（自己将调查表放在桌上暗示，然后做小

手放好状）Sit up straight. （自己也做立正状）Sit up straight. （然后看第三组的同学有无坐好并提示）Hi, boy. （朝他招招手）Look at me please. Are you ready? （面向全体学生）Please look at Miss Zhong. Miss Zhong will try. （走到一听课女教师前面）I will choose this teacher. OK. （面对这位教师打招呼）Hello, What's your name?

T1：（女教师起立）Hi, my name is Huang Xia.

T：Oh, Miss Huang. So... （面对全体同学）I write Huang. （在纸上边写边念 HUANG）Huang, Miss Huang. Is your birthday ... （然后指向自己）My birthday is in June. Is your birthday in June?

T1：No.

T：（教师重复）No. When is your birthday?

T1：My birthday is in December.

T：Oh, December. （教师在纸上边写边念 I will write DEC Point，面向黄老师）And What's the date?

T1：It's December the twenty-first. （在纸上边写边念 21st）Oh, December the twenty-first）OK. Thank you.

T1：You 're welcome. Goodbye.

T：（教师走向讲台）Wow. The teacher's birthday is December the twenty-first. Yes or no?

Ss：Yes.

T：Oh. Now look at me. （招一下手，用手势表示两两合作）Each pair. One piece of paper. （手里扬起调查表）One （用手势表示一个）ask, and one （用手势表示另一个）write down. OK?

Ss：（学生点头回应）OK.

T：Ready? Go.

（学生开始起立离开位置）

T：（再一次强调）One ask, one write. （教师拿着表格走回学生中间）The teacher is ... The teacher's birthday is December 21st. Yes or no?

Ss：Yes.

T：Oh. Now look at Miss Zhong. （走到第一排学生前面，说完做手势，示意学生同桌之

间进行合作)

T：Each pair. You have one piece, one piece of paper.（边说边拿起学生桌上的纸片）One ask, and one write down.（边说边做写的姿势）OK?

Ss：OK!

T：Ready? Go!

（学生开始离开座位，到后排的听课老师那进行采访）

T：（教师在旁提醒）Hello! What's your name? Hello! What's your name?

S：（一女生走到一位听课老师那）Hello! What's your name?

T：My name is Yu Guodi.

S：（学生把名字记在表格）Is your birthday in January?

T：Yes.

S：Oh. When is ... Eh ... What's the date?

T：My birthday is January the second.

S：Oh! Thank you!（说完马上跑开了）

T：You're welcome!

T：（教师在大声提醒）You also can ask a man. OK? Woman or man. A man is a teacher, too.

T：（过了 13 秒钟，教师又继续提醒）You can ask ... If OK, you can ask two teachers, three teachers.

T：（过了 15 秒钟，教师又说）You also can ask Miss Zhong. OK?

T：Who has a birthday in May? May.（教师指着黑板上的 May）

（学生没有回答）

T：No one. OK. Who has a birthday in June?（教师指着黑板上的 June）

June? June? June? June? Who has a birthday in June?（教师指着自己）Who? Ready, go.（教师做倾听状）

Ss：Miss Zhong.

T：Yes，you forgot me.（做伤心状）I'm so sad. OK. I'm the teacher, too. OK. What's the date?

T&Ss：It's June the nineth.

T：Yes，right，OK．It's June the nineth．（走到黑板处，为每组的奖励再上升一格）Up，up，up．Now，OK．Please，July．Who has a birthday in July?（教师指着黑板上的 July）

（学生摇头，无人回答）

T：No one，OK．Who has a birthday in August?（教师指着黑板上的 August）

（学生摇头，无人回答）

T：No one．（教师做惊讶状）OK．Who has a birthday in September?（执教教师指着黑板上的 September）

（学生无人回答，教师马上问）

T：Who has a birthday in October?（教师指着黑板上的 October）

（一位男生举手）

T：Oh，boy，please．

Boy1：It's a Miss Shen．（不是很清楚）

T：Miss Shen or Mr. Shen?

（学生没听明白老师的问题，回答说）

Boy1：It's October the fourth．（发音像 first.）

T：Good．October the first．（对于学生刚才没回答的问题，教师再问了一遍）Miss Shen or Mr. Shen?

Boy1：Fourth．（发音不是很清楚，像是 4ˢᵗ）

T：Oh，twenty-first?（教师用手势写出 21）

Boy1：No，fourth．

T：October（the）?

Ss：（其他学生帮忙一起说）Fourth．

T：October the first? Yes or no?

Boy1：（学生摇头，用手指做出 4 说）Fourth．

T：Fourth．（教师做出 4，恍然大悟。教师学生都笑了。）

T：October the fourth，not first．OK? I can't hear clearly，OK．Now．This one．（教师指着黑板上的 November．）November．Please，boy．

（男生回答说：名字叫不出）

T：Oh. You don't know the name. What's the date?

Boy2：En . . . What's the date? En . . . It's November (the) . . .

T：It's November (the) . . .

Boy2：November the twenty-fifth.

T：November (the) twenty . . .（伸处一只手,显示 5）

Boy2：Fifth.

T：Fifth. OK. group 3, oh.（指着黑板上奖励栏中的第三组）Wow. OK. Now. December.（指着黑板上的 December）Oh，you please.

（一位男生站起来回答）

Boy3：Miss Zhao. December (the) . . .

T：December.

Boy3：December (the) . . .

T：What's the date? December (the) . . .

Boy3：It's December the twelfth.

T：Twelfth or twentieth.

Boy3：En, twentieth.（学生在教师的指导下,马上改正）

T：Twentieth. Yes. And you.

Boy4：Miss Xu.

T：Miss Xu.

Boy4：It's December the twenty-first.

T：Twenty-first. December the twenty-first. Oh，OK. （示意一位女生回答）Girl, please.

（两位女生站起来了,一位又坐下去了）Two girls. OK.

Girl1：Miss Ding.

T：Miss Ding. OK.

Girl1：December the third.

T：December the third. OK? This girl. Yes.

Girl2：Miss Mao.

T：Miss Mao.

Girl3：December（the）...（声音很轻，女生回答说：我不知道她的生日）

T：December（the）...Oh，you just know December. What's the date? You don't know the date. Now，follow me. Date.

Girl3：Date.

T：Date.

Girl3：Date.

T：You don't know the date. Time's up. OK. Now，thank·you. Boys and girls. Let's look，which group is the best? Which group is the best? Group?

T&Ss：Three. Yes，today's homework. Please make a survey of your family members' birthdays. OK? OK，and next English class，please tell Miss Zhong. Ok? Tell Miss Zhong. OK?

Ss：OK.

T：See you.

Ss：See you.

T：See you.

Ss：See you.

（教师向学生挥手）

T：OK.

参考文献：

胡庆芳.扩大小组合作学习实效的教学策略研究[J].中小学外语教学(小学版),2009(7)：17—20.

3

聆听学校行动的声音

第一节　小组合作学习推进的历程

江苏省太仓市明德初级中学地处江南古镇——浏河，由有"中国居里夫人"之称的核物理女皇吴健雄博士的父亲吴仲裔先生于1913年创办，也是吴健雄博士的母校，至今已有百年历史。该校现有30个班级，在校生1400余人，教师110人，教师都是本科及以上学历，其中教育硕士12人。学校秉承"大学之道，在明明德"的校训，践行"让每一位学生成才，让每一位教师成功，让每一位家长成就"的办学理念，大力弘扬"爱国、至善、求是、创新"的吴健雄科学精神。

一、背景情况介绍

1. 学校现状分析

作为浏河镇的唯一一所初中，学生的生源差别较大。1400名学生来自五湖四海，40％左右的学生是外来务工子女，来自不同的小学，学生的学习基础、学习习惯和学习方法都有较大的差异。每年初一新生入学的摸底测试显示，在各科测试中，学生成绩差别很大。特别像英语学科，有的学生只能考个位数，而有的学生可以考满分；有些学生连26个字母都无法正确写出，而有些学生能进行简单的会话和阅读了。由于该校是浏河镇唯一一所初中，学校的发展时刻牵动着浏河镇每一个父老乡亲的心。同样地，作为一所规模型初中学校，教育质量又关乎太仓市整体教育质量，因此上级教育行政部门也时刻关注学校的发展。虽然近年来学校教育、教学质量取得了一些成绩，但是离社会和家长的要求还有很大的距离。

在如此复杂的学情下的课堂,教师教学思想还是比较传统,教学方法单一,看到更多的还是教师讲、满堂灌,学生被动地接受,课堂气氛沉闷,学生缺乏主动探索的机会,学生学习积极性、自主性没法提高,学生的学习成绩难以有明显的突破,长期处于低空徘徊状态。学校领导和教师也一直在思考如何改变这种局面。要突破这种瓶颈现象,必须大力推进课堂教学的改革,寻求一条适合该校实际的改革之路。

2. 结缘生本教育

从 2009 年起,该校与生本教育结下了不解之缘,生本教育创始人郭思乐教授两次亲临明德初中。2009 年 2 月 17 日,郭思乐教授首次来到明德,就为全体教师作了长达三个小时的生本教育报告。郭教授眼中的学生不再被看作是一个需要管教、需要告诉的被教育者,而是被看作有着强烈学习本能的生命、学习的真正主人。生本教育下的学生,犹如那些分得土地、可以自由耕种的农民,获得了真正的解放,他们拥有高涨的学习热情、惊人的学习效率,以健康成长和优秀成绩体现出生命的神奇与美好。2010 年 6 月 5 日,郭思乐教授在百忙之中第二次来到明德初中,与学校的领导进行座谈交流。他说生本教育是为了学生好学,方便学生学习,所以教师一定要给以足够的时间、空间,内容一定要低入并切合学生实际,教师要有教育智慧,化难为简,舍末求本。他还就具体学科给予精妙的操作指导,比如语文教学中要大力推进阅读,数学教学要抓住根本,英语教学则要形成活动。只有抓住最本质的内容,用最简单的形式把学生组织起来,才能达到生本课堂常态化,才能发挥教育的作用。

在 2009 年 6 月 17 日和 2009 年 9 月 8 日,江苏省丹阳市第六中学校长朱万喜以及全国“十一五”教育科研先进典型、江苏省 333 工程培养对象、镇江市有突出贡献中青年专家和学科带头人、全国生本教育实践名师荆志强老师两次来到明德进行指导。朱万喜校长和荆志强老师为明德全体教师作“践行生本教育”的专题讲座,两位专家分别从宏观层面和课堂实践操作层面,用诙谐幽默的语言、生动鲜活的例子和形象直观的比喻,毫无保留地介绍了丹阳六中开展生本教育的经验和所取得的丰硕成果。

郭思乐教授的生本理念改变了学校领导和教师对课堂教学的认识,小组合作学习应该成为课堂教学的重要一环,没有小组就没有生本。学校领导把开展小组合作学习作为学习郭思乐教授和荆志强老师关于生本教育理念的一个“标志”。

因此,该校将小组合作学习作为课堂教学的一个重要形式,将每个学生、小组和整个班级联系起来,形成一个变化无穷的学习“链”。这坚定了学校推进课堂小组合作学习的信心,为推进课堂教学改革寻找到了一个突破口。小组合作学习勾勒出了一个让学生富有个性地、独立自主地、自由开放地合作与探究学习的"蓝图",从"控制教育"转变为"激扬教育",把教师的"教"变为学生的"学",让学生在小组合作中充分发挥自己的能动性,使小组合作成为课堂教学的一个基本形式。

二、项目推进历程

(一) 试点运行阶段(2010 年 9 月—2011 年 6 月)

1. 基础准备

(1) 组织学习

为帮助学校教师全面了解生本教育理论,校长室、教科室先后多次组织全体教师学习并讨论郭思乐教授的《教育走向生本》一书和《人民教育》生本教育专刊等生本教育理论资料,教师通过撰写学习心得统一了思想,认清了形势,理清了思路,为下一步生本实验奠定了基础。

(2) 交流反思

全校教师学习郭思乐教授关于生本教育的论著后,学校教科室组织全体教师撰写学习反思并进行交流。

附1:一位教师学习《教育走向生本》后的读书心得

生本教育正在我校逐步展开实验,学校让每个老师都有机会学习和实践生本理念,学校为我们教师的成长提供了最广阔的空间和最前沿的理念支撑,也给予了每个老师最大的信任、指导和鼓励,我将开始进行我的生本实验之路。

附2:一位教师学习《教育走向生本》后的读书心得

通过我校生本教育的开展学习,从生本教育中体会到什么才是教学的重点,什么才是学生最需要的,能力才是培养的重点,把课堂还给学生,让学生主动地、自主地学习。教师转变角色,由演员变为导演,由保姆变为老师,教师的核心任务不是自己教,而是组织学生学,服务于学生的"学"。生本教育中的"先学后教、不教而教"的模式不就是新课程理念的具体体现吗?所以我们应该从根本上转变观念,把老师从沉重的教学负担中解脱出来,还给学生充满快乐和激情的课堂。老师不敢放手,不相信学生的能力,担心如果不面面俱到地把每一个知识点都灌输给学生,考试结果就不理想。就是这种传统的教学理念将我们引入了误区。

附3:一位教师学习《教育走向生本》后的读书心得

假期里,再一次拜读了郭思乐教授的《教育走向生本》,使我在思想上又有了深一层的认识。生本教育体系的理念就是:"一切为了学生"、"高度尊重学生"、"全面依靠学生"。让学生喜欢学习,教师喜欢教育教学工作。郭教授在《教育走向生本》中说:"快乐的感受是人更好学习的情感基础。快乐的日子使人聪明,使人产生心理的兴奋和生理的活跃。在兴奋中,他会获得最高的学习效率和最好的学习效果。"当一种教育为孩子、家庭、学校、社会带来了快乐与幸福的时候,我们还有什么理由来反对它呢?教师作为课堂的组织者、指导者和主持人的角色出现,使学生完全发挥自己的学习潜力。生本教育最主要是注重教学的交付,教师尽快地让学生自己活动起来,去获得知识和解决问题,把可以托付的教学托付给学生,它是一种依靠学生、为学生设计的教育思路和教学方式,它要求教师在课堂中努力创设一个优良的课堂气氛,把学生的个性、想象、创造的潜能开发出来,给学生自主学习的权利,发挥学生的个性,允许学生根据学习需要,或独立学习,或小组合作。

(3)形成共识

全校教师一起学习、交流反思,大家形成共识:一定要转变教育观念,变"师本"为"生本"。学生是学习的主体,教师只是学生获取知识的一个引导者,而且要一直朝这个方向努力。努力引领学生去生产知识,在平时的教学中,教师应尽可能地引导孩子自己去发现问题,自己去寻找解决问题的途径和方法,不给学生过多的干预,给他们尽可能多的自主,最后让他们成功地解决问题。这样,他们才能全身心地投入。而孩子一旦全情投入,那收获一定是丰硕的。

通过一个阶段的学习,全体教师领悟了生本教育的理念,建立起进行课堂实验的信心。

(4)建立制度

在全校教师学习生本教育理论、撰写学习反思后,学校教学管理部门着手制订了课堂教学改革的一些计划和方案,重点提出了加强小组合作学习的要求,准备下一阶段的实验推进。

附1:明德初中生本课堂教学基本要求

一、课堂上教师讲授时间不超过20分钟,讲授重点放在学生不会的、不清楚的或需注意的地方。

二、加强小组合作学习,建立合理的小组评价制度。

三、强化问题导学,多设置一些学生感兴趣的富有启发性的问题,让小组讨论成为课堂常态性学习形式,让学生感悟成为学习的一种基本要求,让学生学会学习成为课堂教学的追求目标。

四、围绕教学的基本程序,结合学科及课型特点进行创新。

课堂基本程序(以"先学后教,以学定教"为指导原则制定):

展示目标→提出学习要求和问题→学生自学→小组讨论→班级汇报→学生质疑和讨论→教师点拨和讲解→学生领悟→目标达成评价。

五、树立生本的课程观:

小立课程:指教给学生的基础知识,尽可能精简。

大作功夫:指腾出更多的时间和精力让学生进行大量的活动。

六、遵循课堂活动设计基本原则:

1. 低入:教师的设计简单化,让学生的活动容易化。抓住知识中最关键、最本质的东西,再从中选择最适合学生的起点,用最直接的方式教给学生。

2. 多做:尽可能多设计一些活动让学生积极参与,让学生学会在做中学。

3. 深思:强调学生的深层思考与领悟。

4. 高出:保障课堂高产出,高效率。

七、依据《明德初中生本课堂规范》,加强课堂管理。

附2:2009～2010 第一学期"深究课堂,走向生本"活动计划

【活动目标】让学生动起来,让课堂活起来。

【活动进程】

第一阶段:了解课堂

1. 以"同一堂课"形式开展全校青年教师评优课,让每一位教师有机会全面了解我校课堂教学现状。

2. 自我反思查找问题。

(1) 由学校统一设置问题形成问卷,学生针对每一位教师的课堂情况填写问卷,让教师了解自己课堂教学中存在的问题。

(2) 由教师个人汇总学生的问卷,归纳总结影响课堂效率的因素,深入反思,初步提出改进课堂的措施和办法。

3. 同伴互助,进一步诊断问题。

每位教师至少邀请一位同伴走进自己的课堂,至少听自己两节课,通过课后评析,为自己教学把脉,结合学生问卷结果,形成较全面的个人课堂诊断,进一步明确问题和改进办法。一个月后,再次邀请同伴,深入自己课堂,就问题的改进征询意见与办法。

第二阶段:研究课堂

1. 学校经讨论提出课堂教学的初步要求。如,上课的基本环节,学生学习的基本方式,课堂教学评价等。

2. 树立典型课堂。

(1) 确立典型

每组至少确立两位教学有特色、教学效果好并且乐于进取的典型。校行政、市校级学科带头人和教研组长、备课组长应是改进课堂教学的先行者。

(2) 跟踪探讨

在统一思想的前提下,校行政及教学骨干组成学科课改协作组,深入典型教师的课堂,跟踪听课一周,围绕生本理念和课堂基本要求,着力研究"先学后教,以学定教"及"指导学生学习"等问题,结合学科实际与典型老师一起探讨。

(3) 总结模式

通过与典型教师集体研讨,初步总结出切合学科实际的各课型模式。

第三阶段:改革课堂

1. 学习摸索

同学科老师跟踪观摩典型教师的课一周,在认真学习和探讨的同时,参照模式,逐步改革自己的课堂。

2. 反思研讨

(1) 注重对个人课堂的专题性反思,如学习小组的建设,提问的技巧等。

(2) 强化校本研修的规范和示范。

① 围绕课堂突出问题,开展集体备课,在语数外三组开展全校集体备课观摩活动。

② 教研活动中,结合科研课题,针对学科课堂问题,进行有效学习和集体研讨,力争每次活动集中解决一个问题。

③ 对于各组反映的共性问题,开展全校性的讨论和专题沙龙研讨,达成共识。

(3) 总结改进

本着边实践边改进的原则,每月进行阶段性总结,提升经验,同时为下一阶段改革指明方向。

根据学校师资和生源的实际，教育教学的现状和"生本教育"的基本理念，为推进有效课堂的构建和后进生的深入转化，全面提高教学质量，特制订生本教育实施方案。

一、指导思想：

生本教育"一切为了学生，高度尊重学生，全面依靠学生"的基本理念揭示了教育的本质，为我们构建有效课堂提供了理论支撑和实践模式。实施生本教育必须由"教师为本"转向以"学生为本"，也就是由过去"把为教师好教而设计的教育"转型为"为学生好学而设计的教育"，让学生学会学习。同时，还要加强教学过程中的学法指导，积极改变学生的学习方式，使学生真正从接受性学习转变为自主学习。

二、实施目标：

1. 通过生本教育理论学习和案例分析等途径，于本学期显著改变教师的教学理念、态度和行为，树立"以学论教，以学评教"的有效课堂评课标准。

2. 通过宣传教育、积极引导和有效评价，逐步改变学生学习态度、行为方式和习惯，让他们真正意识到并努力使自己成为学习的主人，从而缩小后进生队伍，让绝大多数学生乐学、会学。

3. 通过部分生本实验班的实践，从教师备课、课堂教学和小组合作等几方面为生本教育进一步推广提供可借鉴性参考。

三、实施步骤：

1. 成立组织

2. 逐层推进

（1）营造氛围

通过橱窗、科技长廊、升旗仪式等阵地加大对生本教育的宣传力度，让全体师生了解生本，认识生本。

（2）强化学习

在全校教师中有步骤地开展生本教育的理论学习和案例研讨，逐步把握住生本教育的操作原则"先做后学，先会后学，先学后教，以学定教，多学少教"。

在全校学生中组织任课老师和班主任通过课堂和主题班会课向学生介绍生本教育，开展生本教育必要性和可行性的讨论,唤醒学生学习主人翁意识,激发学习和创造的本能,制订学习行为规则。

(3)改革课堂

实验老师在课题组的统一领导和部署下,以生本教育理念为指导完全改变课堂组织形式,还课堂给学生,变讲台为舞台。

非实验老师逐步改革课堂教学,体现生本理念,控制课堂讲授时间不超过 20 分钟,并尽可能多地让学生走上讲台。

所有老师在教学中紧密结合"走班教学"和"培养学生的问题意识与解决问题能力"两大课题进行同步并轨研究,以期达到突破性进展。

(4)反思研讨

围绕生本教育中出现的问题和新情况,以博客和沙龙作为平台,开展经常性的反思和每周定期的研讨,在摸索中寻找解决问题的办法。

3.阶段总结

本学期在实验班组织一次生本课堂教学观摩和经验交流活动。学期结束,进行全面总结,为下一阶段的推广工作做好准备。

2.先行先试(2010 年 9 月—2011 年 6 月)

在学习的基础上,学校在全体教师中发动,组建了一支以青年骨干教师为主的实验队伍,选定了初二年级和初一年级各两个班级作为实验班,并由学科带头人、行政和组长组成课改协作组,依据《明德初中生本课堂教学基本要求》,连续跟踪听课两周,按上课的时间、上课的流程、活动的设计等方面现场观察指导,每次听完课及时评课、研讨。通过一个阶段的实验初步确立了我校生本课堂的基本流程:目标呈现——学生自学——组内交流——班级汇报——教师点拨——检查反馈。

通过一个学期实验的试点,大家惊喜地看到开展小组合作学习的班级,课堂上学生发言的人数明显增多,学生动起来了,效果也显现出来了,实验班统考科目的期中和期末统测成绩较其他普通班有了明显的提高。有目共睹的进步让全校老师看到了改革的希望,也为学校全面推进小组合作学习指出了明确的方向。

（二）全面推开阶段（2011 年 9 月—2012 年 6 月）

为了切实提高教师的教学能力,学校要求学习与实践同时开展。为此,先后举办了校内研讨活动,组织同学科教师观摩实验老师的课堂,共同研讨改进。同时,开展各年级备课组的"同一堂课"研讨活动,提倡人人下水,进一步在实践中检验。从课堂的基本流程、教师的讲授时间、指导学生学习等方面进行了规定。要求每一位老师认真学习,深刻领会,结合学科和课型特点进行创造性地研究,彰显个人和学科特色。

学校还先后三次组织各学科老师参加明德高中的会课活动,两次赴如皋、一次赴洋思取经,每次学习后人人撰写学习心得,并及时组织专题讨论与交流,谈感想,谈困惑。

在学习中,大家认识到了初高中学生的差异,懂得了课堂上应当如何让位于学生的方法。赴如皋学习,大家如获至宝地找到了小组合作学习的一个有效抓手——教学活动单,成功把教学关注点由"如何教好"转向了"如何让学生学好",让教师考虑"如何为学生好学而教",从而实现"将课堂和学习还给学生"。我们又创造性地改进了活动单,结合具体学科和课型,设计出课前和课堂活动单,高效地指导学生开展小组合作学习。

附:相似三角形判定的应用（课前活动单）

【自学目标】

1. 回忆相似三角形判定的条件以及性质;

2. 体会几何语言的书写要求;

3. 能运用相似三角形判定的条件进行简单的应用。

【温故知新】

动点 D、E 分别是△ABC 中 AB、AC 上的点,添加什么条件时,△ABC 与△ADE 相似? 请说明理由。

个人见解:

集体智慧:

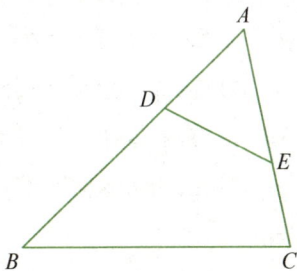

（课堂活动单）

【学习目标】

1. 加深对相似三角形的判定与性质的理解,学会综合运用这些判定与性质解决有关动点问题；

2. 通过对相似三角形基本型的分析和思考，领悟分类讨论、方程、转化的思想，提高分析问题和解决实际问题的能力；

3. 通过小组合作、交流、探索，亲历得出结论过程，激发求知欲，增强学习数学的兴趣。

【学习重点】

相似三角形的判定与性质等有关的综合应用。

【学习难点】

领悟分类讨论、方程、转化等数学思想。

活动一：自主探索

如图，在 $\triangle ABC$ 中，$AB = 8\,cm$，$BC = 16\,cm$，点 P 从点 A 开始沿 AB 边向 B 点以 $2\,cm/s$ 的速度移动，点 Q 从 B 点开始沿 BC 边向点 C 以 $4\,cm/s$ 的速度移动，如果 P、Q 分别从 A、B 同时出发，多少秒后 $\triangle PBQ$ 与 $\triangle ABC$ 相似？

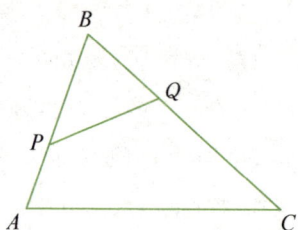

个人见解：

集体智慧：

活动二：拓展提升

如图，在梯形 $ABCD$ 中，$AD \parallel BC$，$AD = 3$，$DC = 5$，$BC = 10$。动点 M 从 B 点出发沿线段 BC 以每秒 2 个单位长度的速度向终点 C 运动；动点 N 同时从 C 点出发沿线段 CD 以每秒 1 个单位长度的速度向终点 D 运动。设运动的时间为 t 秒。

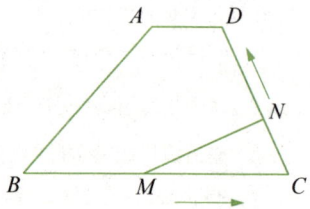

(1) 是否存在这样的 t(秒)值，满足 $\angle CMN = \angle B$，若存在，求出 t 的值，若不存在，请说明理由。

(2) 是否存在这样的 t(秒)值，满足 $\angle CNM = \angle B$，若存在，求出 t 的值，若不存在，请说明理由。

分析：

解：

活动三:交流总结

与你的组员交流,本节课你学到了什么?

在部分班级实验的基础上,全校范围开始了小组合作学习。各班分成若干个包含4—6人的小组,小组内成员分工合作,全体教师和全体学生参与进来。要确保小组合作学习的成效,必须有一个抓手,我们要求教师从备课入手,每学期初备课组长对本学期的教学内容进行备课分工。集体备课时,要求主备老师拿出下一周的课前和课堂活动单,组内成员进行讨论。

1. 个人自备制作活动单

我们要求教师基于"少教多学"原则,改变备课方式。多考虑哪些可以不教,放手让学生小组和个人自学;哪些非教不可,考虑如何进行引导和指导等。按照这样的角度去设计学生活动。

课前活动单设置自学目标,过程主要由若干个活动组成,每一个活动都明确地指导学生学什么、怎么学,需达到什么结果或完成什么可测性任务。这使得学生的自学比一般性的预习更具有可操作性,从而在实践中不断提高自学能力。课堂活动单设置学习目标,活动要体现学生循序渐进的学习过程、有效学习的方式、教师对重难点的处理、与课前活动的衔接等,让学生在一步步的活动中实现学习目标的达成。在活动之后,教师还设计一个检查反馈,有客观性试题或开放性问题,让学生能及时检查学习效果,体会学习的成功。

2. 集体备课讨论活动单

每周的集体备课由原来研究教案转向讨论活动单。大家重点讨论活动设计的科学性(看是否符合学生学习心理、学生实际、教学内容和目标)和可行性(看是否能够予以落实和实践)。

3. 再次备课调整活动单

主备人汇聚大家的智慧后,再进行二次备课,使活动单更合理,贴近学生实际,然后形成一份统一的活动单发放到大家手中。教师还可以根据班级实际修改。每次上完课后,备课组长再结合大家意见,进行改进,并保存电子文档。

围绕活动单的研讨保证了集体备课落到实处。为强化集体备课,教务处每学期至少组织一次集体备课观摩活动,各备课组长经常进行备课活动交流。

附:第14课　第二节　法律与道德的关系(课堂活动单)

班级_____　姓名_____

【学习目标】

1. 明确法律与道德的区别;

2. 理解法律与道德的联系及其对我国现代化建设的启示；

3. 青少年，要增强法制意识，提高道德修养。

【学习过程】

活动一：自我介绍

现在，我们把"法律"与"道德"拟人化，请你选择其中一个角色进行扮演，进行"自我介绍"，让更多的人认识"你"、了解"你"、认同"你"。（50—100字）

提示：重点介绍"你"的性格（特征）等。

参考格式："大家好，我是法律……"

1. 请选择其中一个角色（在其后面打√）：法律（　　）道德（　　）

自我介绍（内容）：_____

2. 哥俩的个性（即"法律"与"道德"的区别）

区别	道德	法律

活动二："兄弟"情深（"法律"与"道德"的联系）

【案例】张老汉一生操劳，抚育了6个儿子，他用全部财力和满身疾病换来了儿子们的成家立业。大儿子承包村里的鱼塘，一年纯收入3万余元，但对老人却"一毛不拔"，其他几个儿子也拒绝赡养老人。张老汉孤独地住在村外的简陋茅屋内，靠邻里接济度日，也无钱看病。村委会干部多次出面调解，要求6个儿子共同赡养老人，但6个儿子却互相推诿，老人的生活一直无人照顾。村里人对此义愤填膺，主动帮助老人打官司。法庭调解无效后，判决6个儿子每年共同支付张老汉3000元赡养费，共同承担医疗费用。

请从法律与道德角度分析

1. 此案例中，儿子拒绝赡养老人的行为，为什么会激起村里人的义愤？

_____

2. 在法庭调解无效后，依法进行判决体现了法律的什么特征？此案例的最终判决结果可能引起村里怎样的反响?

_____

3. 请你续编:《判决后张老汉的生活……》

_____

活动三:"兄弟"合作

2011年央视连续曝光了多起食品安全事件,如:3月份的河南双汇"瘦肉精"事件;4月份的上海超市惊现"染色"馒头;8月份浙江查出血燕中亚硝酸盐严重超标;10月—11月"思念"、"湾仔"等速冻食品陷入"细菌门"……

针对此类事件,请从法律与道德角度出谋划策:

1. 怎样减少类似食品安全事件的发生?

_____

2. 这对青少年健康成长有何重要启示?

_____

4. 赛研并举

要学会游泳,不仅要掌握理论与观摩他人,更重要的是下水实践。课改的一个有力的推手是系列课堂教学研讨。除每月备课组进行的"同一堂课"常规研讨外,每学期至少进行两次大型的校级研讨活动,结合骨干教师示范课、青年教师汇报课和评优课等形式,开展同题异构。每次活动均围绕课改,做到"五有"(有完整的计划、有明确的主题、有统一的动员、有后续的研讨、有齐全的材料)。

学校又结合每学期市"百节好课"的校级选拔,启动课改研讨活动,采取校聘评委和其余人参赛的形式,保证了人人参与,收效明显。

5. 专题研讨

教务处和教科室针对教学改革中出现的问题,组织教研组和备课组查找资料,学习经验,集体探讨,如围绕如何制作切合实际的课前和课后活动单、如何落实学生自主学习高效进行、教学中如何发挥小组作用等问题进行过几次研讨,另外邀请如皋金盛初中领导作报告、老师执教,分学科与该校老师面对面交流等。教科室则引导教师将一些普遍性的问题上升为各类课题进行研究,如课堂教学中学生自主学习的引导方式的研究、自主学习与合作学习关系的有效处理的研究等。

(三) 文化建设阶段(2012 年 11 月至今)

为了进一步提升各个班级小组合作的实效,努力彰显小组成员的合作精神与主动意识,学校从原来的技术操作层面上的探索进一步提高到对小组合作学习文化建设的思考,并于 2012 年 11 月成功申报了苏州市"十二五"课题《构建明德课堂小组文化的研究》。

学校秉承吴健雄求实创新的科学精神,以"一切为了学生、高度尊重学生、全面依靠学生"的生本教育理念为指导,以"三学"(学生、学习、学习效率)为中心,以"让课堂活起来、让学生动起来、让效果显出来"为追求目标,以小组合作为基本形式,坚持面向全体,注重学生的自主、合作与探究学习,全面培养学生的自信心、悟感和合作能力等,明确界定了小组合作学习的文化是指被全体师生认同的共同文化观念、价值观念等意识形态,是师生在小组管理、学生在小组学习过程中个性和精神面貌的集中反映。这种文化在学校校风、教风、学风、班风以及学生之间、学生和老师之间的人际关系中体现出来。

在小组合作学习文化建设方面,学校主要依托生本教育理念,课堂教学中以小组为单位开展活动,日常以小组为单位实行班级管理,利用小组进行评价激励,激发学生的自主意识,充分地挖掘出每个学生的潜能等所表现出的文化内涵。

通过小组合作学习文化的建设,进一步促进全体学生改变单一的学习方式。在自主学习、合作探究的基础上获得自信,优势互补,健全人格,修炼品质,学会自我教育,从而获得成功,实现自我发展。与此同时,积极促进全体教师自觉改变自己的教学行为,将教学的出发点和着力点回归学生的学,从而形成具有明德特色的"三学"课堂。同时教师的专业素养得到全面提升,打造一批在太仓,乃至苏州区域内有一定影响的名师。

同时,通过小组合作学习文化建设的研究,对明德课堂的小组文化建设形成一种理性认识,并内化为学生的学习行为和教师的教学行为,归纳出一些小组文化建设的实施方法与策略,不断积累丰富多彩的小组文化建设个案,形成一批各具特色的小组文化建设操作范式和一系列的小组文化建设制度,引领教师规范管理与评价、学生自觉遵守与内化。

第二节 小组合作学习组织的经验

学校秉承吴健雄"求实"、"创新"的科学精神，以"一切为了学生、高度尊重学生、全面依靠学生"的生本教育理念为指导，以"三学"(学生、学习、学习效率)为中心，以"让课堂活起来、让学生动起来、让效果显出来"为追求目标，以小组合作为基本形式，坚持面向全体，注重学生的自主、合作与探究学习，全面培养学生的自信心、悟感和合作能力等，逐渐构建具有明德初级中学特色的小组合作学习模式。

1. 管理保障方面的经验

(1) 规约在先

学校在总结实验老师的探索经验后，结合生本教育理念和学校实情，提出了"以学定导、以导促学、共享习得"的"明德课堂"教学主张，要求教师的课堂教学达到"四项指标"，具备好课的要素，并制订各科评价要素，给予制度保障。

附："明德课堂"教学主张

"明德"指学校课堂不仅要传授知识，培养能力，还要启迪学生的智慧，点燃学生的生命。课堂上，教师要让学生有丰富的情感体验，让学生处于一种充盈的生命状态，使学习的过程成为人与人交往、交流、感悟的过程，成为培养学生爱国、致善、求实、创新精神的过程，体现学校"大学之道，在明明德"之宗旨。

① 以学定导

以学定导，即根据学情来确定课堂导学的目标和方法，以学生在教师指导下有目的的自学为前提。在学生先学的同时,教师要清楚地了解学生的学习情况,并预设学生可能出现或提出的问题,作出导学目标、方法的选择。课堂上,教师需要及时捕捉到学习进程中的信息,并快速调整自己的导学思路,这样的"导"就更精粹,更切合学生的需要。

② 以导促学

"导"是为了帮助学生解决自学中的疑难,"导"要在关键处,把学生领进"最近发展区",促进学生举一反三,引导学生进一步深入学习。

"导"的目的在于促"学",课堂的主体需落实在学生的"学"上。课堂上要把思考的权利、时间和空间还给学生,激发学生学习自主性、积极性。

③ 共享习得

课堂上运用"小组合作"、"全班展示"等形式,让学生有充分表达自己思想和展示思维过程的舞台,让他们在质疑问难和讨论交流中获取知识,提升能力,感受成功的愉悦。教师适时参与,教学相长,师生共同进步。

学生共享习得的同时,教师要及时发现学生存在的问题,适时进行指导、帮扶,确保学习目标的达成。

附:课堂教学"四项指标"和"好课要素"

"四项指标"

① 课上有多少时间让学生走在前面?

② 学生的思维是否有明确的目的和适当的方法?

③ 学生的思维是否指向课堂上面临的突出问题?

④ 学生是否掌握了"通用工具"并直接应用于当堂训练?

"好课要素"

教师主导层面:

① 体现以学为本,高度依靠学生,激发学生学习主动性。

② 有明确适宜的目标,有从学生角度出发的合理的设计,能展现现代教学信息的手段。

③ 能灵活运用多种教学方法,注重学习方法的指导,让学生参与知识的发生、发展过程。

学生主体层面:

① 参与面广,不同层次的学生均能投入学习。

② 投入程度深,专注时间长,紧张有序,积极性高。

③ 学习规范,讨论热烈,体现合作探究精神。

课堂实效层面:

① 对知识的领悟与掌握程度高,灵活运用能力强,大多数同学达到预期的教学目标。

② 师生共同发展,均能有丰富的情感体验(学生学得愉快,教师有满足感)。

附:明德初中英语组课堂评价要素

评价角度	评 价 内 容
学生主体活动情况	1. 朗读和回答的声音响亮。
	2. 课堂中善于并主动用英语表达、交流。
	3. 在独立思考的基础上,积极参与课堂小组活动。
	4. 课堂小组活动中,小组成员分工明确,学生大胆质疑。
	5. 学习兴趣浓厚,积极配合老师,课堂参与度高。
	6. 在具体语境中流畅地使用本课堂的目标语。
教师主导作用	1. 尊重关爱,面向全体学生。
	2. 教学思路清晰,教学用语准确,指令明确。
	3. 课堂活动设计多样,有创新,强调有效性。
	4. 活动设计需要贴近学生生活并能激发学生积极参与,活动中注重对学生的有效指导。
	5. 教学的过程中以合作学习为模式,突出学生主体地位。
课堂教学实效	1. 预设教学目标有效完成。
	2. 有效调控课堂,注重课堂所学知识的及时反馈,现场生成好。
	3. 教材研究到位,灵活调整,重难点突出。
	4. 充分利用网络资源,适时使用多媒体。

在评课中,我们力求过程简化,以"四项指标"和"好课要素"为主要依据,且根据课堂现状和效果,结合教学过程,寻找影响学习效果和效率的问题,并建议或研讨解决问题的办法。

(2)保障到位

任何的改革离不开制度的规范与引导,现状的改观少不了制度的推动,学校的课改也不例外。为保障课改的方向,学校先后制订了《生本教育实施办法》、《"立足'三学',实践生本"课堂教学改革实施方案》、《明德初中生本课堂教学基本要求》、《小组文化建设实施方案》等制度,让教师们对课改做到心中有数,有据可依。

为将课改要求变成教师的自觉行为,学校又修订了《明德初中课堂教学评价表》、《"六认真"工作具体要求》、《集体备课规范》、《教研组长工作职责》、《备课组长工作职责》、《教学科研管理十条规定》等,明确了教师必须参与课改的具体要求。

为使教师在课改中走得更远,学校又采取行政蹲点的方式,帮助教研组解决教育教学及教研活动中的实际困难,保证教研活动的正常高效开展。

附:《明德初中行政班子联系教研组活动方案》

一、行政分工

各组由 1—2 个行政班子成员负责。

二、活动要求

(一)期初与相关组长一起按校长室及各科室计划制订本学期切实可行的教研活动计划。

(二)平时经常性联系分管教研组,了解教研组建设现状,积极帮助组长和其他教师解决教育教学及教研活动中的实际困难(必要时向相关部门汇报),并保证教研活动的正常、高效开展。

(三)协助相关科室关注青年教师的发展,尽可能为青年教师的发展创造条件。

(四)经常性参与分管教研组的教研活动,并按下列要求开展常态化教育教学调研,关注课堂,关注课改,关注质量。

1. 听

深入所分管教研组教师的课堂听取随堂课。

【重点关注】

① 课堂教学组织形式:平时多用传统方式还是利用自主、探究与小组合作等多种途径。

② 教学过程:是否以学生为中心,是否运用活动单或现代教育手段等。

③ 学生的参与度与课堂气氛。

④ 学困生:班级学困生的大致人数,老师对学困生的关注与管理等。

⑤ 学习效果与效率(重点看课堂检测效果)。

2. 查

检查所听课老师的教学"六认真"情况和备课组活动情况。

【主要了解】

① 备课组活动:是否有集体备课,该教师是否认真参与集体备课等。

② 备课:主要查看教案、活动单与课件,备课是否规范(按时,格式等),集体备课的教案是否有自己设计或修改的内容。

③ 作业:了解学生作业的上交率,看批改的频率与准确率,学生订正情况等。

④ 课后辅导:向学生了解老师是否经常进行辅导,辅导的时间、方式与效果怎样等。

3. 访

通过问卷、部分学生访谈或实地查看等途径了解被听课教师的教学情况(包括教学责任心、教学方式和学生对其教学的看法与建议等)。

4. 评

评价该教师教育教学的优势与不足,找到影响教育教学质量提高的教师和学生两方面的因素,提出一些可行性建议,并与该教师进行深入交流。

【说明】各行政领导除对分管教研组教师的教育教学情况进行调研外,也可选择其他组教师进行调研。

(五)资料积累。各行政领导在每次随堂调研结束后认真填写相关老师的调研表格,并与听课记录复印件或其他相关材料一同及时交给校办公室,以便阶段性汇总分析和行政决策。

教育教学随堂调研情况反馈表

调研对象_____ 任教学科_____ 任教班级_____

内容	基 本 情 况	存 在 不 足
课堂教学		
备课		

内容	基 本 情 况	存 在 不 足
作业		
辅导		
学困生		
建议		

【调研时间】___年__月__日星期__【调研者】_____

学校还经教代会讨论将"是否支持课改"写进了教师绩效考核方案,作为教学常规奖考核的一个方面。可以说规约的制订、制度的保障和评价的跟进,为课改的顺利推进提供了可能。

2. 实践操作方面的经验

(1) 小组合作有效开展的模式、流程

教学改革实施的关键在于教师,但改革成功的关键在于学生。因为每一项改革举措最终都要落实到学生。只有取得他们的配合,学习方式发生了根本性的变化,才有可能取得最大的改革效益。基于此,学校提出了小组合作学习"六段式"。

附:小组合作学习基本流程"六段式"

目标呈现——学生自学——组内交流——班级汇报——教师点拨——检查反馈。

① 目标呈现

教师在提出学习内容后向学生呈现本课的学习目标,并做相应的解释说明。

② 学生自学

通过预习完成前置性作业或课堂给定必要的时间,让学生完成相应的学习任务,同时找出自己认为较难或容易出错的学习内容。

③ 组内交流

组长组织全组成员核对学习任务的完成情况,同时帮助学困生完成学习任务,并讨论本组的疑难点,记录不能解决的问题,提请班内交流。

④ 班级汇报

各小组在班级中汇报本组的学习成果和疑难点。其他组就汇报情况提出自己的看法。教师要全程关注汇报及辩论情况,鼓励更多同学发言,澄清疑点,解决难点。

⑤ 教师点拨

教师结合学生的汇报,进行有效的点拨与引领。教师要依据学科体系和学生学习结果总体驾驭教学目标,通过设计典型问题、借助现代教学手段,简明扼要突破学习重点与学习难点。

⑥ 检查反馈

精选笔头或口头练习,检查学生对本课内容的掌握情况,同时,要求学生对学习过程进行回顾反思,留出空间让学生整理思路、查缺补漏,对表现出色的同学进行评价。

为保证课堂学习的有序与高效,学校又出台了简明扼要的《明德初中小组合作学习课堂常规》,组织学生学习,并将之悬挂于教室,便于教师考评和学生自觉遵守。

附:明德初中小组合作学习课堂常规

1. 充满自信,踊跃表达;

2. 面向全体,姿势端正;

3. 声音洪亮,清晰流畅;

4. 简洁明了,惜时高效;

5. 尊重别人,耐心倾听;

6. 积极思考,诚恳提问;

7. 别人犯错,懂得宽容;

8. 严禁起哄,不许嘲弄;

9. 学会合作,热烈讨论;

10. 珍惜机会,提升自身。

（2）小组合作评价原则

为让每一个学生看到努力的方向，而且把"善于学习"放在首位，认识到"会学"的重要性，学校又制订了《明德初中小组合作学习"好学生"标准》。

附:明德初中小组合作学习"好学生"标准

学会学习　善于思考

学会合作　善于守纪

学会分享　善于感恩

在一系列的标准制订后，为增强学生的竞争意识与合作能力，形成"比、学、赶、帮、超"的良好氛围，学校遵循一定的评价原则，设计丰富的评价内容，选择多元的评价方式，进行明确的评价操作分工，并实施定期的校级评比。

（1）遵循一定的评价原则

为了鼓励学生主动学习，学会合作，保持学习的持续动力，我们遵循以下评价原则。

① 激励性原则

以奖为主，以罚为辅。评价的目的是为了更好地激发学生的学习兴趣、合作意识、自主管理的热情和守纪、自觉性，所以尽量以激励性评价为主，必要时采取扣星的方式。

② 小组评价与个人评价相结合原则

注重对小组的整体评价，小组奖励即人人获得相应奖励；个人的评价与小组评价相关联，即小组内成员每天所获个人奖励累加为小组奖励。

③ 评价标准统一性原则

小组以星作为日常评价标准，按每天、每周、每月、每学期进行统计，采取晋级的方式，满50颗星换一个"明"，满5个"明"换一个"德"。

班主任和教师每天依据小组或个人的评价情况加星或扣星，应视评价内容的重要性程度不同予以明显区别。对每小组（包括个人）而言，班主任每天加、扣星不超过6颗，考试科目（语文、数学、英语、物理、化学、政治、历史）教师加、扣星不超过4颗，其他科目老师加、扣星不超过2颗。（加、扣星目的是为了激发学生积极性，所以要注意松紧尺度，要让学生"跳一跳才能摘到苹果"，班主任一天加星总量区间为5—30，考试科目老师一个班加星总量区间为4—20，其他科目老师一个班加星总量区间为3—10。）

同学科教师的评价内容和评价权重一致。各学科根据学科特点，抓住要点进行评价。每学科由教研组长制订统一的评价方法,经全体通过后下发给每位组员,并交教务处备案。

各班在评价实际操作中,可在学校指导意见的基础上根据班级实际情况由班主任统一协调、调整,鼓励班主任探索、创新。

④ 评价实效性原则

为明确小组努力目标,调动组员竞争意识,在小组全体成员原有成绩基础上,依据小组期中、期末调研的进退步情况,可另外大力度地加星或扣星。(此处加星力度尽量达到半学期总量的 30% 左右。)

⑤ 评价标度一致性原则

每学期评价结果与个人操行等第、"三好生"、优秀生本小组等各项评选挂钩。班主任老师要积极引导学生将每学期的争星要求分解到每个月、每一周,甚至每一天。

(2)设计丰富的评价内容

为了让不同层次的学生都感受到生命的激扬,获得素质的发展,充分地挖掘出潜能,学校设计了丰富的评价内容。

① 课堂学习

主要依据《明德初中生本课堂常规》,可从以下几个方面评价。

自主学习:重点评价自主学习的投入程度、纪律和效果,包括课前预习、课堂自学、课堂检测反馈等。

合作探究:小组讨论或操作时的参与度、配合度、纪律和实效。

上台展示:成员间的合理分工与配合,思维的清晰度,表达的流畅性,声音适中度,合作成果的科学性和准确性等。

倾听尊重:主要评价在教师检查自主、合作与探究学习效果时,其他学生的学习状态。

质疑点评:自主学习和小组展示结束后,其他学生的质疑和点评质量。

② 课外学习

作业上交:保障"人人做作业,个个爱学习"。对作业上交及时的小组进行鼓励,对屡不交作业的个人或小组进行处罚。(该项评价可在早晨和中午由课代表按老师的要求直接完成,记录在汇总表上。)

作业质量:为了提高作业质量,教师在批改作业时可采取直接加星的方式进行评价,给予 1 至 3 颗星或不给星。

互帮互学：对小组内帮教和老师指定的结对双方进行评价。

课外拓展：对学生在完成老师布置的学习任务外的拓展进行鼓励。

③ 常规评比

重点评价学生尽职尽责的情况，将每天常规评比的结果纳入到对学生本人和小组的考核之中。

④ 遵规守纪

按时作息：重点评价学生从早晨到放学时的迟到、早退情况。

自习高效：主要评价学生早自习、午自习及其他自习课的纪律和学习效率等。

集合有序：侧重评价集体活动时的迅速、安静与有序等。

文明卫生：评价学生的语言、行为、习惯与卫生等情况。

⑤ 表扬鼓励

主要包括好人好事、考试获优或进步、获得各级各类奖励，如优秀小组长、优秀学生干部等，以加星的形式予以评价。

（3）小组合作多元的评价方式

除了进行语言评价外，还通过星级奖励的形式对小组的课内外学习、常规管理、文明礼仪、遵规守纪等方面进行评价。并且做到每节课有评价，每天有汇总，每周、每月有评比，成员之间、小组之间进行良性竞争，以学习为荣，以学习为乐。

附：课堂评价表（教师评价）

维度 组别	自主	合作	展示	倾听	回应	汇总
1						
2						
……						
11						

注：五个维度中，"自主"、"合作"和"倾听"这三个维度都是根据积极程度由低到高从1到5进行打分；"展示"和"回应"这两个维度都是根据内容质量由低到高从1到5进行打分。

小组合作学习日评价表

___年___月___日

第__周 第___组

节次 星期	学习情况							小组管理			星数汇总	本周名次
	1	2	3	4	5	6	7	遵规守纪	常规评比	文明礼仪		
周一												
周二												
周三												
周四												
周五												
本周反思												

备注:

1. 表中由班主任及科任老师确定各组获得或扣除的星数量(★为奖,▲为惩)。

2. 学习情况包括课堂学习、作业质量、小组内或组间互帮互学、默写等方面。

3. 本周反思主要对本周小组及组员各方面得失进行回顾总结,明确下周改进方向及目标等。

小组合作学习第____周竞赛汇总表
(___月___日——___月___日)

班级_____

小组			星期					汇总	名次
	组名	组长	一	二	三	四	五		
1									
2									
3									
4									
5									
6									
7									
8									
9									
10									

注:表中填各组在一周获得或扣除星的数量(★为奖,▲为惩)以及名次。

班级＿＿＿＿＿

	小组		周次					汇总	名次
	组名	组长	第1周	第2周	第3周	第4周	第5周		
1									
2									
3									
4									
5									
6									
7									
8									
9									
10									
11									
12									

注:表中填各组在一月内获得或扣除星的数量以及名次。

（4）明确评价操作分工

为使评价落实到位,能正面引导学生主动追求进步,增强团体意识,提高合作能力,学校进行了明确的评价操作分工。具体为:

教务处

① 将每周获得的学生评价信息中存在的问题反馈给任课教师,并督促改进。

② 在课堂教学调研和研讨活动中关注教师对学生的评价,提高评价质量。

③ 负责每月、每学期的各项生本评优工作。

④ 配合教科室开展有关学生评价的专题研讨。

教科室

① 印好生本小组日、周、月竞赛表,并下发给所有班级。

② 每周收集各班评价用表,检查科任教师和班主任的执行情况。

③ 将相关问题及时反馈给教务处和德育办,并督促改进与落实。

④ 定期了解教师和学生对评价的看法和意见,组织教师开展针对性的专题研讨。

德育处

① 督促并反馈班主任班级管理中生本小组评价工作的推进,并注意挖掘典型,进行宣传与示范。

② 调整有关班级考核和学生评优办法,将生本管理纳入各项德育评优中。

班主任

① 制订班级管理学生评价办法。

结合班级实际,制订班级常规管理考评办法,并交德育处备案。致力于调动广大学生参与学习和管理的积极性,弘扬班级正气,积极引导学生将精力投入学习;致力于学生学会学习和学会做人等方面的教育。

② 培训好生本小组长。

树立组长的管理意识和团队意识,选好凝聚人心的组名和口号,指导制订恰当的组规,督促每天对本组成员进行评价记录。

③ 选好并培训相关评价负责人。

总负责人:(1—2人)要求由工作认真负责、为人诚实的学生担任。每天将各科老师、课代表以及班主任或班委对小组成员和小组的评价进行汇总,并不迟于第二天早晨将结果公布上墙。

各科负责人:原则上由课代表兼任。将每天本学科课堂和课外的学习情况评价结果进行统计汇总,放学前上报给总负责人。

班级管理负责人:可由班长或副班长担任,负责班级常规管理和学生遵规守纪情况的评价。建议下设2—3人担任管委会成员,分管某项具体工作的考评,如常规评比、文明习惯等。

纪检负责人:可设2—3人担任纪检委员,专门负责督促以上相关负责人的公正评价情况。建议该类负责人必须由公平正直、敢于反映问题的学生担任。

注:生本小组长及相关考评负责人在每学期可以视其工作情况给予5/10/15/20颗星的奖励。

④ 准备相关材料,把生本小组名册提供给所有任课老师。

⑤ 督促检查每天的班级评价,每周、每月及时上报信息。

⑥ 每周利用班会课进行总结与表彰。

⑦ 按各科室要求对学生进行各类评先评优。

科任教师

① 各教研组制订本学科学生学习的基本评价方案,各教师可参照本学期学习评价方案进行适当调整。

② 督促课代表对学生平时学习评价情况进行记录,并以此作为平时成绩评定的重要依据。

③ 通力合作,凸显小组评价和个人评价,正确把握评价与教学的关系,以评促教,以评促学,但不能为评而评,因评价而耽误教学。

附:《明德初中政治学科合作学习小组评价方案》

一、总则:

奖励为主,惩罚为辅。

二、具体方法:

(一)作业

优秀者加分,质量差者扣分。

A+	A－(A)	B(合格)	C(不合格)	D	不交
加2★	加1★	不加不减	减1★	减2★	减3★

注:
① 作业等级取决于书面是否整洁、条理是否清楚,要点是否明确、清晰;
② 课代表、老师定期抽查有无作弊行为。

(二)课堂发言

奖励:

一般发言:举手发言一次,加1★;

精彩发言:一次性加2★;

精彩发言标准为有理有据、说服力强、语言流畅、胆大自信等,赢得了老师或同学们的认可。

(三)课堂纪律

课堂是每一个人学习知识、汲取营养的殿堂,维护课堂秩序是每一个人的责任。若有人违反课堂纪律(如说废话、吃零食等),老师第一次语言停顿或眼神提示,第二次及以上违反纪律酌情扣1—3★。

（四）随堂测试

1. 满分加 2★；

2. 明显进步加 1★；

3. 作弊扣 3★；

4. 不作为（消极不做）扣 3★。

注：欢迎同学们提出更加科学、合理的建议，以求班级共同进步。

（5）定期校级评比

学校定期进行"优秀合作学习小组"、"优秀小组长"、"最佳小老师"、"最具潜力生"和"管理小助手"的评比，全校公示，橱窗宣传，以期调动广大学生投入学习的热情。

附：《优秀合作学习小组和优秀学生评选标准》

优秀合作学习小组

（1）集体观念较强，团结合作表现突出。

（2）学习氛围浓厚，互帮互学有成效。

（3）遵规守纪模范，无小组成员严重违纪。

（4）前期的生本小组竞赛中小组应处于班级前三名。

优秀小组长

（1）争先创优意识强，团队合作精神佳。

（2）有较强的责任心和管理能力。

（3）有较强的组织能力，能带领本组同学专心致志学习，规规矩矩守纪。

（4）前期的生本小组竞赛中本组应处于班级前五名。

最佳小老师

（1）乐于助人，积极配合组长做好帮教工作。

（2）乐于帮助学习较差的学生解惑答疑。

（3）经常主动帮助同学解决学习上的困难。

（4）对帮教同学有措施、有实效的学生进行奖励。

最具潜力生

对生本学习中进步较大的学生，特别是后进生的奖励。

管理小助手

对生本管理中认真负责、秉公办事的学生的奖励。

3. 文化建设方面形成的经验

为配合课堂教学改革,切实改变学生的学习方式,培养学生的竞争意识和合作精神,学校努力营造具有明德特色的小组文化,以期用文化来浸润师生的言行,拓展生命的厚度。

附:《明德初级中学小组文化建设方案》

为配合课堂教学改革,切实改变学生的学习方式,培养学生的竞争意识和合作精神,确保小组文化建设落到实处,特制订本方案。

一、指导思想

以生本教育理念为指导,深入贯彻"三学"(学生、学习、学习效率)思想于教育教学实践,培养具有竞争意识和合作精神的创新型人才,为学生的终身发展奠定基础。

二、具体思路

1. 科学构建小组

根据"组内异质,组间同质"的原则,每个班级按学习成绩、性别、性格、能力倾向等方面构建若干个4—6人小组,尽量使小组内成员间在多个方向能相互补充,相辅相成,相得益彰。

2. 高效建设团队

(1) 推选组长

每组选一名具有较强组织能力、较强责任心、成绩较好的同学担任小组长,负责全组的学习和日常管理工作。

(2) 选定组名

由组长牵头,组织本组成员集思广益,给小组起一个响亮的名字,并进行有意义解读,以体现小组的团队精神和奋斗目标。同时,以简短的语言表示团队口号,要求全体组员熟记,以此激励。

(3) 合理分工

小组成员根据自身的优势,担任某一学科或某几个学科的学习组长,或小组内某一项班级日常管理工作的组长,具体负责该学科课堂的学习工作或小组日常管理工作。如语文小组长、卫生负责人等,如此合理分工,分担总组长的工作,大家各司其职。

在小组合作学习中,由学习组长负责,每个成员要承担不同的角色:发言人、计时员、纪律员、记录员等,每次学习活动轮流担任不同的角色,保证学习高效进行。

(4)座位编排

为方便小组的日常学习和管理,班级座位以小组为单位编排,尽量为学生创造一个优良的合作学习氛围,方便教师和同学给予指导与帮助,加强小组凝聚力。

(5)制度建设

这是小组文化建设的重点。班主任教师应要求各小组对学习活动和日常管理中已出现或可能出现的问题进行梳理,制订出最切合本组实际的小组公约,对全体成员起一个激励和约束作用。

3. 加强技能训练

每位任课教师结合《生本课堂学生常规》,加强对小组长和各组员进行小组活动技能训练,重点注意以下几个方面:

(1)学生倾听

一人发言,其他人必须认真听且不能随便打断,在听完、听清对方重点的情况下,再进行补充或发表自己的见解。

(2)学会讨论

要求学生声音适中,尊重对方,心平气和,以理服人。

(3)学会表达

训练学生克服害羞心理,注意发言的逻辑性和连贯性。

(4)学会组织

侧重指导小组长如何进行组内分工,如何归纳小组意见,如何进行评价、反思等。

(5)学会评价

教师要通过范评(正确的手势和语言等)引导学生间互评,但切忌指责与谩骂。

(6)学会感恩

引导学生学会感谢别人的帮助与中肯评价。

4. 科学评价小组

对小组学习或管理的评价是小组文化建设的一个难点,其目的是通过评价增强学生的竞争意识与合作能力,形成"比、学、赶、帮、超"的良好氛围。

(1)评价原则

① 整体性与个体性兼顾

注重对小组群体的评价,尽量减少偏重于学生个体的评价,评价的重心由鼓励个人竞争达标转向集体合作达标,形成"组内成员合作,组间成员竞争"的格局,对个体的评价可通过设"最佳表现奖"、"合作标兵奖"等予以体现。

② 全面性与可行性兼顾

评价内容尽量涉及学生合作学习和班级管理的各个方面,既重过程,又关注结果。每一项评价要具有操作性,简单才有生命力。

③ 导向性与发展性兼顾

让学生了解评价要素,使团队的发展有目标导向。注意评价过程的公开,这比评价结果的公布更重要。评价要能促进学生的发展,使小组合作增强。

(2)评价形式

① 自我评价

教师可根据学科和班级实际制订自评内容和规则,督促学生自评自查。

② 同伴评价

组内互评:由组长组织,对照小组目标和小组公约,成员相互间中肯地提出改进意见。

组间互评:各小组间互找自己和对方的优势和不足,提出改进措施。

③ 班级评价

班主任老师利用科学分组的平台,制订科学合理的导向性班级评价机制,定期对各合作小组进行考核评比,可实行周评、月评、期中评、期末评等。

(3)评价内容

建议学科学习小组评价的内容涵盖学习和各个方面,如课堂学习状况(独立思考、合作参与、发言提问等)、遵守生本常规、课后作业完成等。班级管理小组评价的内容也应包括各个方面,如早读、作业完成、课堂守纪、体育锻炼、卫生值日、小黑板使用等。

(4)评价手段

各班各任课老师可以创新地运用各种手段对合作小组进行有效评价,如分数、评星等。

三、保障措施

1. 成立小组文化建设专项研究小组。教务处负责教师教学中小组文化建设的研究,德育处负责班级管理中小组文化建设的研究,教科室负责组织相关专题研究。

2. 学校分期、分批举办小组长的培训工作。

3. 班级每周、学校每月评选不同类型的先进小组，如"最勤奋小组"、"最守纪小组"、"最佳合作小组"等。学校每学期评选最佳小组长，对先进小组进行大力宣传表扬。

4. 将"小组文化建设"纳入评选"指导学生学会学习先进教师"的重要内容，成绩突出者向市级推荐。

5. 将"小组合作学习"运用成功与否作为课堂教学的一个关键评价指标，积极引导教师重视小组文化建设。

6. 由校长室牵头，教科室负责开展经常性小组文化建设研讨。

7. 每学期举行"小组文化建设"专题征文比赛，注重经验的总结。

通过小组文化建设，学校营造了温馨、和谐、公平的竞争环境，改革了班级管理模式，提高了学生自主管理的能力，改变了学生的学习方式，培养了学生竞争意识和合作精神，从而促进了学生的全面发展。

第三节　小组合作学习取得的成就

1. 各班营造出小组合作文化的氛围

(1) "圈"文化启迪学生

这个"圈"的建立是小组文化建设的一个基础。一方面,学校为便于学科教学,以秧田式座位为基础,通常是按学习成绩、男女性别组建起4—6人的合作小组"圈",这个在课堂教学中经常见到。另一方面,基于学生的兴趣爱好,在综合实践、课外兴趣小组、课外活动中,也组建一个合作学习小组的"圈"。这个圈不像课堂教学中的圈那样相对固定,往往以一个、两个"核心"学生为圆心,其他几个性格、爱好、志趣基本一致的学生为半径来建立起一个动态的"圈"。

(2) 精神文化凝聚学生

小组建立后,一个响亮的小组组名、一个高尚的小组组号和一个竞争的目标等无疑都是小组文化建设的核心价值趋向的体现,是小组凝聚力的展示。一个积极向上、富有新意、响亮的名字,有利于凝聚人心,形成小组目标和团队精神。如"快乐如风"、"永冠",这些组名既凸显了小组成员的信心,更包含了他们对小组的冀望,使学生产生小组自豪感和归属感,这对竞争意识和合作意识的培养无疑起着不小的作用。

(3) 环境文化感染学生

小组文化建设还可以利用一些固化的东西,让它们也来"说话"。学校在每个教室都辟有一块小组介绍、小组荣誉的版面,用于展示小组的风采,让每个学生有一种小组的归属感和荣誉感,树立"我为小组争光彩"的想法。每个学期,学校都要组织一次优秀小组和优秀小组长的评比,然后在学校的橱窗里展示评选出来的优秀小组和优秀小组长的照片,给全校学生作榜样,给评选出的优秀小组和优秀小组长以莫大的鼓舞。

(4)制度文化孕育了学生合作的规范

没有规矩,不成方圆。没有制度,各组间的竞争就无法展开,课堂小组文化建设必须有制度来进行保障。学校先后出台了各项制度,其中《明德生本课堂教学常规十条》对课堂小组活动中发言、倾听、合作、评价都进行了规范;《生本小组长工作要求》明确小组合作学习中核心人物组长的职责和要求,规范学生在小组活动中的行为;《明德初中小组文化建设实施方案》对小组分组、小组评价等提出了详细而具体的要求;《明德初中小组合作学习“好学生”标准》中多元的评价方式把“善于学习”放在首位,让学生认识到“会学”的重要性。

通过课堂小组文化的建设,教师和学生均受益匪浅,课堂也在悄然发生变化。

2. 教师的专业水平得到提升

(1)教师教学设计能力得到提高

要提高课堂小组学习的质量,教师首先要对小组合作进行一个整体的规划与设计,课前要充分地了解教学内容是否适合开展小组合作学习,哪些内容适合运用小组合作学习,要采取怎样的方式进行小组合作学习,小组合作学习介入的时机。教师要考虑小组合作学习的目标和方法,考虑小组合作学习所架设的问题的开放性和挑战性。

(2)教师的课堂调控能力得到促进

课堂上开展小组合作学习,教师并不是完全“退居二线”。其实教师作用不容忽视,教师必须具备调控小组合作学习的课堂能力,要为学生创设良好的合作氛围,让学生在一种和谐、民主的课堂中学习,教师也要参与到小组活动中,进行干预和引导,对于游离于小组活动外的学生进行引导,做到“收放自如”。

(3)师生之间的关系变得更加融洽

开展课堂小组合作学习,师生之间、学生之间的相互倾听,交流明显增加了。教师要经常鼓励那些基础差、不善表达的学生参与讨论和交流,教师对学生在小组活动中的表现可以适时进行评价,这可以大大促进学生自我反思、认识自我与欣赏他人,突破了传统的评价方式,可以形成一种良性的师生关系和生生关系。

(4)教师的团队精神得到发扬

构建课堂小组文化的过程中,教师在集体备课中研究教材、了解学情、优化设计、预设目标。

大家碰撞了思想、激发了灵感、切磋了观点、交流了经验；大家学会了合作、学会了沟通、认识了别人、发展了自己。学校也通过教研组和备课组的评比和考核，提升了教师团队的凝聚力。

（5）教师的教学意识和观念得到更新

几年来，学校开展了"立足三学、实践生本"课堂教学改革的实践研究，倡导以学生小组合作学习为主的"三学"课改模式，其核心理念就是"先学后教、以学定教"、"少教多学"。学校遵循了三大原则：一切为了学生，教学的一切出发点都是基于"学生的发展"、"有利于学生的发展"；高度尊重学生，高度热爱每一个学生，尊重学生的人格，尊重学生的现状，相信学生是"天生的学习者，人可以创新，学习潜能无限"；全面依靠学生，学生是教育对象也是教育资源，教学效果的好坏必须依靠学生对学习内容的领悟和内化，教师应该全面借助学生个体和群体资源。

（6）教师的课堂教学水平得到提升

学校还致力于改革传统以"教"为核心的课堂结构，设计以"小组合作"和"活动单导学"为核心的改革，涌现出了一大批指导学生自学的优秀的教师。2012年4月15日，学校英语学科王晓梅老师、历史学科孙杰老师为全市兄弟学校老师上了两堂指导学生自学的课题研讨课，他们一改往日教师主导课堂传统教法，充分运用"小组合作"和"活动单导学"的教学方式，把学习的主动权交还给学生，取得了较好的课堂教学效果。2013年12月，学校政治学科邵帅老师在张家港为全苏州市的政治学科教师开设了一堂以生本理念设计的思想品德课。邵老师平时潜心于小组合作、小组评价的课题研究，注重学生自主学习能力的培养，在青年教师中树立了一个典型，撰写的小组合作学习的论文发表在国家级核心期刊上。2014年12月，刘海燕、孙杰等十多位教师在苏州市范围内进行公开课教学；2015年2月，江洲、金明等数位教师在太仓市范围为全市校长和教务主任们进行了公开课教学。这些老师的公开课展示了学校课改实验的成功做法，得到了上级领导和兄弟学校老师的肯定。两年来，学校教师共有五十多篇的课改实验论文在省市教育部门组织的评比中获奖或发表在省市级以上教育刊物，这进一步坚定了学校推进课堂教学改革的信心和决心，大家坚信只要坚持不懈地努力，一定会取得预期的成果。

3. 学生的学习能力得到提高

（1）学生的独立意识得到增强

在课堂小组活动中，学生敢于大胆发言、勇于质疑提问、善于流畅表达，逐步形成独立、不依附他人的观点和见解。由此，课堂小组活动使学生的语言、思维及胆量得到了充分的训练，不断提高学生自身的自主性、能动性和独立性，为其今后走向社会打下一个基础。

（2）学生的品质得到了完善

在小组活动中，每个成员都要向其他成员阐述自己的理解和推理过程，不仅提高了自己的思维品质，同时倾听他人的阐述过程也是观察他人的思维过程，潜移默化中也养成了尊重他人、共同合作、相互促进的良好品质。

（3）学生的学习动机得到了强化

课堂上每个小组和个人都制订了自己的目标，小组间开展竞争，每个小组的目标的实现是通过组内每个学生目标的实现来完成的，所以小组内每个学生的目标应该是相互合作的、共同进步的。在开展了小组"加星"评比活动后，课堂上各小组内每个成员积极性高涨，争先恐后，这样能够最大限度地激发起每个学生的集体荣誉感，强化了每个学生的学习动机。

（4）学生自主学习能力得到了发展

通过一个阶段的实验，学校初步形成了小组合作学习的课堂教学模式：目标呈现——学生自学——组内交流——班级汇报——教师点拨——检查反馈。在这样的课堂中，每个小组都要以问题为目标，每个成员独立思考、自主学习，然后进行组内交流、小组汇报。这里更多突出的是学生的自学，开展课堂小组合作学习其实对学生的自主学习能力的要求更高了，小组合作学习是建立在学生的独立思考之上的。

（5）学生学习能力得到了检验

自开展小组合作学习和活动单导学以来，初一、初二年级的教学质量在太仓市各次组织的统考中名列前茅；初三中考成绩连年喜报不断，名次逐年上升；全市四星级高中录取人数列全市前三名；文化科目平均总分也名列全市前四名；学生参加各级各类竞赛获奖的人数和比例也逐年上升。

学校在课堂小组合作学习推进的过程中也梳理了课堂教学主张——"以学定导，以导促学，共享习得"。这一课堂教学主张就是基于小组合作学习，更多地突出学生的合作学习，使课堂变为学生充分表达自己的思想和展示自己的思维的一个舞台，每个学生都能参与讨论和交流，享受成功带来的快乐；使课堂不仅传授知识、培养能力，更能启迪学生的智慧、点燃学生的生命。

4. 学校的教学生态得到改观

2010年12月，学校举行"立足三学，实践生本"的大型课堂教学研讨活动，太仓市教育局、教师培训中心专家和兄弟学校老师数百人参加了该活动，学校16位老师为与会的专家和同行献上了16堂展示课，得到了与会专家和同行的好评，太仓市电视台和太仓日报都进行了报道。

2011 年 5 月,学校举行了苏州市范围内的"五校联动"课堂教学研讨活动,苏州市第二十六中学、吴江市同里中学等苏州市范围内的几所中学的领导和老师,太仓市教育局周鸿斌局长、教师发展中心的领导专家等数百人参加了该活动。学校 8 位教师的"生生互动、师生互动"的小组合作学习课堂教学得到了与会领导和专家的赞许。

2012 年 4 月,学校分管教学的王七林校长在太仓市全体校长参加的初中教育质量会议上对明德小组合作学习经验进行了专题汇报和介绍,在太仓市范围内掀起了学习明德小组合作学习的热潮。2012 年 11 月 29 日,学校王晓梅老师被评为苏州市指导学生自学先进教师,并在苏州高新区第一中学举行的表彰会上进行大会发言并进行课堂教学展示,诠释了小组合作学习方面的一些成功做法。借小组合作学习的东风,2014 年第 16 期《江苏教育教育研究》对学校进行了图片和文字的介绍。同时,学校获 2014 年太仓市教育局颁发的实施素质教育一等奖,2014 年苏州市教育局颁发的"教是为了不教"教育成果一等奖。

只有从教师主体转变为学生主体,充分地调动起学生的思维,牢牢扣住"一切知识、一切资源、一切方式都要紧紧地围绕学生"的法则进行重组,才能让课堂更契合学生的成长规律,拥有更强大的生命力。

4

品味小组合作的精彩

案例1：设计真实任务，分组开展探究

校园河水黑臭原因的探索
——高中地理学科中的德育研究

一、小组合作学习内容

人教版地理高一上册第四篇《水环境》中的"水循环"这一部分知识难度较大，特别是河流补给类型的辨别，学生总是将不同的补给方式相混淆。其实这些知识与生活是紧密相连的，通过小组合作的形式，学生会发现身边的河流水位的变化恰恰可以用这些知识来解释。

二、小组合作学习目标

在研究中可能需要用到的知识，诸如河流补给类型等，均在专题14"珍贵的水资源"一节中有所涉及。因此，本课以问题为导向，探究为手段，环保意识的养成为目标，具体目标陈述如下：

1. 希望能通过所学知识，解决现实问题，使得校园环境更美好。

2. 融德育于地理学科教学之中，唤起学生对环境的保护意识，认识到环境的改善可以从身边做起，树立人人有责的环保意识。

三、小组学习设计和过程

本校坐落于嘉定护城河东段。校园内，教学楼与食堂之间有一条自西向东流的河流。河两岸遍植杨柳，每到春天，柳絮纷飞，实为校园一大美景。但近来，河水的水质逐渐变差，到了五月份便可以闻到阵阵恶臭从河面飘来，师生路过时不得不先掩鼻快速过桥。虽然学校每年都会将河水抽干，对河道进行清淤，但是来年问题依旧。美景竟然变成一个污染源，广大师生苦不堪言。本课程希望学生利用课本第四篇《水环境》中的相关知识，来解决现实生活中面临的环境问题。

课堂上，为达到学生们自己搜集资料，然后共同讨论，最后分析出校园河水黑臭原因的目的，学生们根据自愿原则以及均质原则（教师稍加引导），分成五个小组，每个小组大约是七名同学。最后结果如下：

龚嘉裕小组　陈涛小组　张轶凡小组　赵思怡小组　潘维雅小组　许然小组　张晓芸小组

校园河道卫星图片

【环节一】学生利用手边的嘉定区地图来给这条河流定位，弄清楚这条河流的流向以及其为哪条河流的支流。

【小组交流】如何判断河流流向成了摆在同学们面前的第一个问题。为此，同学们展开了热烈的讨论。

陈涛小组首先发言：根据地势高低来判断河流流向。

张晓芸小组马上提出了疑问：在没有现成的等高线图的情况下，如何准确地判断地势。

陈涛小组提出：可以在地上洒一瓶水，然后根据流向来判断地势。

龚嘉裕小组提出：这样无法判断大片区域，但是这个方法可以用。

【小组成果】龚嘉裕小组提出：通过在河面上放置一个漂浮物判断流向。支流可直接从卫星图片中判断。上课之前先由小组成员完成河流流向的测定。

【测量结果】河流自西向东流。为嘉定护城河的支流。

【环节二】请各小组罗列河道黑臭的原因。

【教师引导】首先明确本次探究的主题是哪里（本次探究的对象就是这段长度约300米的校园河道）。为弄清楚该河道黑臭的真正原因，我们可以采取罗列法，将可能的原因都罗列出来，然后一一去证明，从而找到最终的答案。

【小组交流】

1. 许然小组：生活和工业污水的排放

许然小组：因为我们每天都能看见学校河道两岸有许多排污管向河流内排入黑色的污水。

这一原因得到了大家的赞同。

教师引导:如何证明你的观点呢?

许然小组:拍照片。

教师引导:那人家可以说黑色的水里面不含有毒成分,只是颜色有点黑而已啊。

许然小组:不仅如此。本小组首先对校园河段周边的环境进行了摸底,主要通过谷歌卫星地图和人为走访确认的方法。我们发现校园河道沿岸主要以学校为主,与校园河道联通的另一段(A段)河流沿岸主要为居住区和商业区。紧接着,我们小组成员对河流沿岸包括A河段进行了走访,发现金汇公寓有四五根管道直接与河道相连,可能为污水管道。商业区内许多餐饮店、商店直接将污水管接到河道

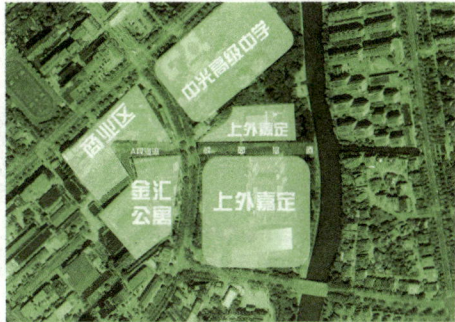
校园河道沿岸土地利用类型图

中。因此,生活污水对河道的影响很大。但限于时间和技术,我小组未能对这些污水的排放量以及河道中污染物质进行测定,不能定量地分析生活污水对河道的影响程度。

金汇公寓污水管(黑色圆洞)

教师总结:很好。我们可以将样品交给区环保局。那么,偷排污水的黑心厂家准跑不了了。

2. 张轶凡小组:航运导致的燃料泄露

张轶凡小组:因为我们常能看到有载着货物的小船通过。船上的货物以及发动机漏油,都会造成河流污染。

教师引导:如何证明你的观点呢?

张轶凡小组：本小组对校园河道进行了为期一周的观测，没有发现有船舶经过。之前看到过的船舶也多为人力船舶，主要是在河道里打捞漂浮物。这可能是因为校园河道为嘉定护城河的一条普通支流，加之河流上的桥梁高度距河面均不超过一米，不适合吃水深度较大的船舶通航。因此，本小组认为航运导致的燃料泄露不可能为校园河道黑臭的主要原因。

不到一米

桥梁与河面距离不超过一米

龚嘉裕小组：据我们测量得到，夏天河流流量比较大的时候，水面距离桥底的距离只有不到一米，多数船只是无法通行的。

张轶凡小组：我们也对此研究过。我们发现，该河段除了丰水期无法通航外，其余时间几乎都是能够通航的。

教师引导：那么，你们小组提出的污染程度是否比许然小组的还大呢？

张轶凡小组：这就需要对河流水体进行采样，看看水体里面的废油和其他成分是否与船舶所载货物相吻合。

教师总结：你们小组想得很严谨。看来结果只有等化验结果出来才能知道了。

3. 陈涛小组：底层淤泥污染严重

陈涛小组：我们学校每年暑假都会放光河水，然后清洁工人会把河底的泥土挖出来，最后把河水再放满，这样河流就变得清澈而且不臭了。因此我们如此推断。

赵思怡小组：那为什么过了几个月，河流又变黑变臭了呢？

陈涛小组：说明新的底泥又被污染了。污染源可能是前面几个小组所列举的原因。我们小组仅限于知道底泥污染对河流黑臭的影响有多大。本小组怀疑底层淤泥污染导致河道黑臭。每年河道的水均会被抽干，我们可以看到黑色的底泥散发着恶臭，但是河道管理工人并没有对河道底泥进行进一步的处理。将底泥晒了若干星期后,便将河道重新注满水。河道恶臭会消失一段时间,一般到次年暑假河道便再次黑臭。对于底泥的分析也是因为限于技术手段,没能做成。

4. 赵思怡小组:酸雨的影响

赵思怡小组:根据地理课上关于"水资源"的学习,我们知道东部季风区的河流多为雨水补给。河流径流量的主要来源便是降水。因此,本小组思考,河水黑臭的原因是否可能是雨水本来就是受到污染的。又根据"人类活动和气候"这一章的学习,我们知道城市的雨水污染类型主要是酸雨。因此本小组着重对本地区的雨水进行分析。当然,限于手段的有限,我们主要对最近的一次降水进行了酸碱度滴定。经过试验,我们发现雨水的酸碱度基本正常。但是雨水中有不少颗粒沉淀,这说明雨水中的污染物含量还是比较高的。通过肉眼观察,这些污染物主要是尘埃,可能是河水黑的原因之一。但雨水除了混浊一些外,并没有明显的臭味,因此酸雨不可能成为河水臭的原因。

5. 潘维雅小组:河水更新周期

潘维雅小组:根据"水资源"一章的学习,我们知道河流水的更新周期是比较短的。本小组查阅资料发现河水更新周期一般为28天。河水更新的来源主要有两个:一个是雨水,这个是主要来源;一个是上游来水。雨水的分析已经有小组做了,本小组就对校园河道上游来水进行了勘测,发现校园河道的上游为嘉定护城河。护城河的河水流量比较大,而且河道从来没有发生过黑臭的问题。因此,校园河道黑臭的原因可以排除河流更新周期的问题。

嘉定护城河

教师总结:显然,通过我们调查分析的结果可以发现。校园河道黑臭的原因是多样的,其中最大的污染源乃是生活污水的排放。然后,我们平时在家用水或者在饭店用餐的时候有没有想过,我们的生活用污水排到了哪里？我们每次掩鼻穿过臭河的时候有没有想过,这些脏东西可能就是从我们手中排入河道的呢？因此,本课不仅提升了我们对问题的探究能力,对知识的活学活用能力,更重要的是,唤起了我们对环境保护的意识。知道环境保护不是口头说说的,是我们触手可及的。从我做起,我们的环境就会更美好。

四、小组合作学习评价

本课程从学生每天必须面临的切身环境问题——校园河道黑臭——入手,能极大地调动起学生的探究欲望。接着,要求学生充分利用地理教材中的相关知识,去认识和解决面临的问题,又极大地巩固了学生对教材的掌握。在此过程中,寻找合适的论据,理清其中的逻辑关系,用规范的语言撰写材料。学生们通过分组讨论、查阅资料,锻炼了自身的合作精神和自我学习的能力。教师要关注各组的进度,给予一定的引导。在师生的共同努力下,最终找到了校园河道黑臭的根本原因,并将结论送交学校相关部门,帮助学生树立了爱护环境、保护环境、人人有责的德育理想。

（上海外国语大学嘉定外国语实验高中姚尚科老师撰写）

案例2：设计长线任务，层层合作推进

合作开展身边的美术小课题

小组合作学习是在班级授课制背景上的一种教学方式,学生通过学习小组的组建而展开合作,发挥群体的积极功能,提高个体的学习动力和能力,从而达到完成特定教学任务的目的。它改变了教师垄断整体课堂的局面,激发了学生的主动性与创造性。

从某种程度上来说,它是运用建构主义学习理论的良好形式载体。国内知名学者何克抗在《建构主义——革新传统教学的理论基础》一文中就论及:"以学生为中心,在整个教学过程中由教师起组织者、指导者、帮助者和促进者的作用,利用情境、协作、会话等学习环境要素充分发挥学生的主动性、积极性和首创精神,最终达到使学生有效地实现对当前所学知识的意义建构的目的。"[1]它的好处不言而喻。

因此，我在 2011 年就小组合作学习的实施，在初中九年级学段美术课上，进行了为期一个学期的教学探索。

一、小组合作学习内容

本次探索的内容主题设定为《身边的美术小课题》，要求学生自由组建课题小组，以身边与美术相关的兴趣点为主题，利用课内课外的时间，在教师的引导下合作分工，开展为期一个学期的小课题研究。

我认为，首先，初中九年级的学生其自主意识已日益凸显，具备了小课题研究活动的思想基础。其次，通过 9 年的文化知识学习，学生也已有了一定的知识储备来支撑课题的研究。再次，网络时代信息爆炸，获取信息的手段、速度与效率大幅提升，为课题研究这一形式提供了有利条件。最后，如开篇所说，以小组合作学习模式开展小课题研究，非常有利于激发学生的主动性与创造性，并在其日后良好学习方法的养成中起到促进作用。

因此，我本着以上想法，开始了教学探索。

二、小组合作学习目标

《身边的美术小课题》小组合作学习目标设定如下：

1. 通过小课题的研究，学生能够了解课题选题的重要性，同时提供学生自由选择与美术相关的兴趣点去深入了解的机会。

2. 通过课题研究的形式，促使学生明白深入了解事物的各种渠道与方法。

3. 通过体验合作研究的过程，学生能够初步体验框架搭设、进度安排、人员分配等课题研究时的管理内容。

4. 通过研究过程中的合作与交流，促使学生形成合作学习的切实体验，在自主思想表达与甄别他人意见的过程中初步形成一种多元文化心态。

三、小组合作学习过程

1. 学期初的课题小组组建（第 1 至 2 周）

学习小组的组建其实是有很多讲究的，我一开始想让学生们自由搭配，但由于学生容易按照人际关系来选择，于是可能就会产生部分小组人员能力过强，而部分小组又能力偏弱，甚至还有个别学生被排挤在外的现象。

于是，我先挑选出班级中综合能力较强的5位学生作为组长，并由这5位学生轮流依次选择组员，直到班级中的所有学生都有归属为止。这有点像NBA的新人选秀，在气氛活跃的同时还需考验这5位同学的人员协调策略和随机应变的能力，有些小组甚至在课后还会自行商议人员的调整，充分激发学生的能动性。

当然，这一切的前提都建立在我事先强调的宗旨上：一要兼顾小组人员能力的搭配，如有文本撰写专长、信息技术专长或组织管理专长兼顾等；二要充分包容班集体内的任何一个同学，做到一个都不能少，即使能力较弱，也要作为一个小组集体来考虑，做到共同进步，不让任何一个同学有失落感。

学习小组的创建工作整整花去了2课时，课堂上气氛热烈，对人员的争夺时而激烈，时而富有策略，相当有趣。

2. 美术小课题的选题（第3至4周）

做过课题的老师们都知道，课题的选题其实是重中之重。一个良好的选题会事半功倍，但对于从没有经历过课题研究的初中生来说，这却是一个未知领域。为了让学生们体验一下选题的辛苦与乐趣，我从第3课时开始，特意不做任何提示与限制，让学生们小组讨论自由选题并预设课题框架，从而在实践中体验课题选题的技巧。

选题之初，我仅仅强调了要与美术学科有所联系的宗旨，接下去学生们便围绕着其各自的共同兴趣点开始了讨论。例如，有一个小组第一次确定的题目是《手表的设计》。我故意参与了该小组的选题讨论，针对其选题范围过大的弊端不间断地向组员提出质疑，譬如你们是研究男表还是女表啊？你们是研究手表的功能还是外观呀？你们是研究运动型的还是商务型的啊？你们是具体研究哪一个品牌的呀？等等。通过教师的一系列发问，学生渐渐意识到他们的课题过于笼统，研究范围过大，针对性不强，不利于研究工作的开展。于是，我再次强调《身边的美术小课题》中的"小"字，学生恍然大悟，在学生与教师的共同努力下，该小组最终确立了题为《卡西欧 BABY-GTough Cute Cool 手表外观概念》的课题名称。

如此，学生在选题的过程中潜移默化地认识到原来课题的选择在于小而精、指向明确等关键要素，在实践体验的过程中获得了选题的技巧。我就是在这样一种模式下陆续参与了各个小组的选题工作，在看似无意的状态下引导学生确立了自己的课题。

2个课时以后，所有的小组都拥有了自己的课题，涉猎面之广已超出了我的预想。例如，有小组以女生为主,对服装配饰较为感兴趣,确立了《上海各种女式挎肩包外形设计上的不同风格》的选题;有小组以男生为主,对游戏颇有兴趣,确立了《掌机游戏"口袋妖怪黑白"中角色 & 怪兽形象探索的研究》的课题选题,学生自己在交流选题的时候也兴趣盎然。

3. 课题研究计划的制订(第 5 至 6 周)

制订研究计划需要考验课题小组对课题研究的整体把握能力、人员调配能力以及研究方法选择的能力,是整个课题研究体验中最能锻炼能力与习得技能的过程。

为此,我特意设计了一张表格,下发给各个小组,由学生集体讨论并填写完成。在此过程中,教师同样以看似无意的状态参与进去,以引导的方式使学生意识到计划制订时的物尽其用、人尽其能的重要性,同时还要规划出简单的研究时间表,让所有的组员能够明确其研究任务,组长要统筹协调,整体把握。在全体组员的商讨下,还要确定适合本课题的研究方法,例如是实地考察,还是文献搜集等。整个过程用了将近 2 个课时来完成,充分激发了他们的学习自主性,学生们讨论得不亦乐乎。以下是其中两个小组在讨论后填写完成的课题计划书:

《上海各种女式挎肩包外形设计上的不同风格》课题计划书

身边的美术小课题计划书

小组名称	地狱之光
小组成员	成员分工
组长:小丁	制作PPT,网上查找资料
小虞	汇总资料,汇报
小周	拍照,采集资料
小顾	资料编辑
小牛	拍照,采集资料
课题名称	上海各种女式挎肩包外形设计上的不同风格

探索的主要内容

我们小组将要对上海的各大商店进行走访,对女式挎肩包进行分类,比如:卡通型,休闲型,运动型等。我们的目的是想要了解女式挎肩包在风格上有着怎样的差异。我们希望在研究的过程中通过自身努力去享受合作的快乐。

进行探索的简要计划

一、准备阶段(4—5 周)
1. 确定外出采集资料的地点。
2. 确定外出时间和交通线路。
3. 详细分配各位组员的分工。

4. 确定需要带的设备(照相机,手机等)。

二、实施阶段(6—14 周)

1. 网上查找资料(关于女式挎肩包的图片)。
2. 前往天山路汇金百货、百盛、友谊商城收集图片。
3. 在放学路上采访时尚人物(他们一般喜欢哪类女式挎肩包? 这种包有什么特点? 在外形上有什么引人注目的地方? 他们一般背这种包参加什么场合? 等)。
4. 将所有收集到的图片进行分类。
5. 将不同风格的包的图片进行对比。
6. 小组围绕它们设计上的不同点,为什么受欢迎的程度不同等问题进行讨论。
7. 每两周将收集到的资料进行整理,制成 PPT。
8. 每两周有一位同学根据 PPT 写一篇汇报演讲稿。
9. 每两周有一位同学组织发言,进行汇报演讲。

预想的探索成果

将所有调查到的资料分类整理,各位组员写出调查过程中的心得,装订一本由我们小组出版的《女式挎肩包》小册子。

《掌机游戏"口袋妖怪黑白"中角色 & 怪兽形象探索的研究》课题计划书

身边的美术小课题计划书

小组名称	星辰变
小组成员	成员分工
组长:小贺	对小组成员进行帮助,整理所有资料并将其总结,确定主题
小胡	筛选有用、需要的资料,将整合好的资料做成 PPT
小赵	提炼怪兽类型,查找相关资料
小印	查找口袋怪兽的图片资料
小宋	查找相同类型的游戏并进行对比
小丁	将图片与文字资料进行整合
小孙	查找口袋妖怪绘制过程的资料
课题名称	掌机游戏《口袋妖怪黑白》中角色 & 怪兽形象探索的研究

探索的主要内容

《口袋怪兽黑白》中各个登场人物的形象设定,探索每个登场口袋妖怪的形象原型,绘制过程,灵感来源,颜色搭配,内含元素和风格。相同类型的游戏对比。查询《口袋怪兽》大致资料(创作历史等)。

进行探索的简要计划

准备阶段(3—4 周):准备计划,制作研究计划书,并确定小组分工、进度安排。

实施阶段(5—12 周):小印查找口袋怪兽的图片资料(代表性角色);小赵查找相关资料,提炼怪兽类型;小宋查找相关资料相同游戏作对比;小孙查找口袋妖怪绘制过程的资料。在此期间持续进行进度汇报。

小结阶段(13—15 周):小胡将所查找的资料进行筛选,提炼有用的资料;小丁将图片与文字资料进行整合;小贺整理所有资料并将其总结;小胡将整合、汇总好的资料做成 PPT。进行汇报。

预想的探索成果

将所有的口袋怪兽按照不同的类型进行分类并制作成 PPT,达到图文并茂的效果。

像这样一份课题研究计划书,我认为对于目前的初中生来说已难能可贵,不仅对于其合作学习的体验,而且对于研究过程中的各种研究方法的习得与掌握,都有不可估量的促进作用。

4. 研究实施及阶段性汇报(第 7 至 12 周)

从第 7 课时开始,课内与课外的时间界限被打破了,所有课外的时间被要求用来从事课题的资料收集、现场调研以及阶段性汇报的整理。

由于无法照顾到所有研究小组在课外的研究情况,于是,我便要求在每周的美术课上,按序由两个小组来进行阶段性的汇报。汇报是以 PPT 的形式出现还是以纯文字的形式出现,由小组自己商讨决定,目标是要向教师与学生呈现清晰的研究过程,并反复强调过程的重要性,而非结果。不必长篇大论,却要短小精悍,抓住关键点以及个性两点加以说明,时间为 5 至 10 分钟。学生汇报结束后余下的半节课由其余小组的学生提问或建议,最后由教师做点评。

这样,既能保证教师对学生的研究情况有一个阶段性了解以便及时指导调整方向,也能确保每个研究小组在为期 6 周的实际研究过程中都保有 3 次左右的阶段性汇报,还能使所有的小组在展示自己研究的同时了解别组的研究情况。通过交流取长补短,依次建立起一种交流与监督并重的过程模式。

在这 6 周中,各个课题小组为了尽可能地展示自己的研究,各显神通,形式多样,都想将自己课题研究中新奇的发现呈现给观众们,我作为教师也学习到了很多有趣的知识。

以《马里奥卡通形象的发展历史》课题为例,以下是该小组成员在阶段性汇报中呈现的内容摘录:

"①马里奥的制作公司任天堂一开始是卖纸牌的。②最初给马里奥设计的形象并不是水管工,而是木匠。③马里奥的设计理念就是'像记号一般让人一目了然的外貌,容易表现动作的配色'。④马里奥大鼻子、留胡子、戴帽子的设计是因为在当时设计得很仔细,在电视上也无法表现出来,所以有特点、容易认,才是设计的重点。⑤在以前,因为技术限制,所以马里奥的衬衫是单色的。但现在,马里奥的服装已经有了蓝衫红裤和红衫蓝裤的造型。

⑥马里奥是世界上最著名的电视游戏角色，也可能是全世界最著名的人物，在1990年的一次调查中，它在孩子当中的人气甚至超过了米老鼠。"

这些内容在课堂上的呈现，不仅使得从事该研究的小组成员非常有成就感，同时也给讲台下的其他学生带来了新奇感。

以《伞外观造型的发展及其所反映的文化背景》课题为例，学生在阶段性汇报中提到：

"伞的发展主线是由油纸伞到现在我们所用的普通伞。伞一直都在发展着，在进化着，不仅是外观，用途也更加广泛，使用寿命也更加长久。相信有一天，会有更加新奇、有创意并且方便的伞被发明出来。可组员小张却说：'无论伞怎么发展，总会淋湿的。'这引起了我们的思考，于是我们设计了一种雨伞，全方位防止淋湿，我称这种伞为钟罩型雨伞，它的形状是三分之二个鸭蛋，伞面是透明的，所以不影响视线，伞共能容纳两人，左边一个右边一个。伞由微电脑控制，可感应人的走动且随之移动，伞上有三个按钮，红色是收起，绿色是打开，黄色是变为普通伞，极其方便。"

由此可见，学生的主观能动性与创造性被完全激发了，通过课题的研究甚至产生了科技上的创新，而且是由组员的一句话而引发的。每个人的思想都在学习中得到了充分的尊重与体现，让人无不感叹小组合作学习的强大潜能。

再以《中国公交站牌造型改良设计》课题为例，小组成员先是调研了上海周边城市的公交站牌造型，然后又实地采访了一些乘客并记录下意见：

"小学生希望公交牌上能注上拼音，因为他们不认识太多字，拼音可以帮助他们更好地乘车。年轻人希望注上英语，这样外国人也可以方便地坐车，他们还希望站牌能显出一些青春活力，不要死气沉沉。中年人认为应该将站牌制成电子站牌，智能化的。老年人希望站牌的字大一些，让老年人看清楚。"

随后依据这些意见,他们发动了全班同学一起来设计公交站牌的改良方案,调动了全班的资源为他们服务,非常具有感染力。在这一过程中,小组成员们利用课余时间实地调研,采访市民,在其综合能力潜移默化中得到了提升。

经过这样一场 6 周的研究性学习,结果似乎已不再那么重要,精彩的过程已经使这些孩子们获得了宝贵的体验,甚至可能会影响他们今后的学习方法。

5. 总结报告的撰写(第 13 至 15 周)

为时一个学期的小课题研究将近尾声,这时,每个课题小组都已经积累了将近 3 份阶段性过程汇报资料。于是我便要求每个课题小组将这些资料汇总整理,梳理出一份简洁明了的课题总结报告。

为了解放学生的思维,我没有特意规定报告的格式,只强调了一定要体现过程与感受,哪怕没有结论性的结果也不必有太多遗憾。

但此时学生们却都呈现出了意犹未尽的感觉,纷纷表示还有许多工作来不及展开,还有许多过程想要呈现。这对于我来说是一个很大的安慰与鼓舞。

以《生活中各类甜点和饮品标志的研究》课题为例,学生在报告中写道:

"为了获得一些一手资料。星期六,我和小组成员们还特意去了一次星巴克咖啡店了解关于他们店的历史背景以及当初店名的创意。店员告诉我们一些关于店内招牌的改良以及流传到中国的途径等。他还告诉我们,现在大家看到的这个标志融合了顾客的意见,受到大家的好评。据我们的了解,最初的招牌上是一名海妖的图案,逐渐演变成现在的美人鱼。"

非常淳朴的记述,简明扼要地叙述了孩子们的研究过程。

又以《牛奶的软包装设计》课题为例,学生写道:

"虽然网上有关牛奶的资料很多,但是如果光找一个品牌"蒙牛",网上的内容并不是全面和丰富,所以要靠我们的积累与组织。不过一旦找到了有用的信息,便能挖掘到许多有趣的故事和评价。牛奶的环保包装设计对我们的启发也很大,让我们留意到平时身边不常去留意的东西。牛奶和牛奶的历史也非常悠久,通过了解,我们知道了蒙牛的创始人是洗瓶工,他凭借着自己的坚持不懈,成为了蒙牛的创始人,让我们不禁佩服起他来。"

学生毫无掩饰地真情流露,让我感觉到学生们已经学到了在传统课堂教学中很难体验到的知识。

再以《中国公交站牌造型改良设计》课题为例,学生们最后汇集了全班同学的智慧,绘制出了改良后的公交站牌设计图。该案例最后还在 2012 年获得了长宁区初中"阅读领航计划"网络教研"学生作品"评比活动的二等奖。

四、小组合作学习评价

为期 15 周的《身边的美术小课题》教学探索,在我看来,其过程是痛并快乐着的。学生的课题选题琳琅满目、天南地北,非常考验教师自身的知识面。尤其是在学生的实施过程中,每一堂课我都是处在一种精神高度紧张、思维高速运转的状态之下。既要静心聆听学生的报告,还要迅速思考其中存在的问题并予以引导,压力颇大,以至于在接下来的几年中我一直没有勇气开展后续的深入研究。

但此次探索带给我的欢愉也是莫大的,小组合作学习——这种潜力巨大的学习模式在此次教学探索中发挥了强大的功效,它一直以其特有的魅力在无形中牵引着教师与学生共同前进。

1. 小组合作学习充分调动了学生的独立思维能力

每个学生在学习小组中都是一个独立的个体,而且在大量的课外学习中是脱离教师的课堂辅导与束缚的,因此很大程度地激发了他们的独立思维能力。

2. 小组合作学习充分锻炼了学生的合作交流能力

既然是合作学习,就非常突出"合作"两字。在整个研究过程中,组员之间难免会发生一些意见不和与摩擦,这就要求学生学会如何去更合理地表达自己的思想与包容他人的想法,不论结果如何,都将使他们获得一种现代的多元文化心态的体验。正如孩子们在报告中所写的:

"我遇到的第一个困难就是组员不理解我定的课题要如何进行研究,或许是我没有和她们沟通好的缘故……每做完一个段落,我都要把我的研究小结讲给同学听,锻炼了我的表达能力。""其中,我们的小组曾经因为由谁来做小报这个简单的问题闹过许多的矛盾,最严重的一次甚至吵到要小组解散,但是经过我和小李的深入研讨后,觉得我们毕竟是一个团队,我们也曾经一起努力过,一起在'战场'上挥洒过汗水。""做这个研究……也增强了与同学间交流的能力……涉及了很多。"

3. 小组合作学习充分培养了学生的协调管理能力

课题组其实是一个小小的人力资源库,如何利用好这些人员,使每个人各尽其能,会决定这个课题开展的效能。在这一过程中,学生们只有通过最大限度地调动组内资源,才能使得课题一步步有序地推进下去,从而在使每个学生潜移默化中找到自己在团队中的定位。他们在报告中这样写道:

> "作为小组的组长,我当然要以身作则,我在小组的总策划上花了很多的力气,但是我并没有觉得白费,因为组员都很服从命令。虽然在探讨中遇到很多难题,但我们还是想方设法地去解决了。""研究活动立即展开,作为组长,我分工一下。首先由小顾、小牛两位同学去搜寻资料、采访(四天)。接着,他们把资料交给小周,由她进行筛选,编辑(三天)。然后,小周把筛选完的资料交给我和小虞,我们商量着完成PPT(三天)。最后,把PPT拷进U盘,交给要演讲的同学,让他准备(一直到星期四演讲)。但是因为学习任务紧张,没时间做调查,很多组员申请延长时间,或者就是觉得别人的活轻松。我采取换位思考的方式,让部分组员的工作暂时换一下,了解别人的艰难。"

从文中可以看出,组长们变着法子在调整组员的分工以期做到人尽其能,这无疑是一种最好的实践体验,帮助他们进一步形成统筹协调的能力。

4. 小组合作学习充分强化了学生的团队协作能力

几乎所有的学生在经历这次课题研究之后都感觉到了团队协作的重要性,他们被作为一个整体来看待,一荣俱荣,一损俱损,每个人都自发地在为这个集体做着力所能及的贡献,希望研究的结果能够呈现得更完善些。虽然这种状态是慢慢呈现出来的,但带给我的鼓舞也已是巨大的了。学生们在报告中写道:

> "这一次的美术研究,让我知道了团结的力量是多么强大。我知道了,只有组员们一起齐心协力才能做好一件事。""……我对自己的评价是比较满意的,在团体活动中我认为我们不能只顾个人不顾他人,应该学会体谅别人。"

为时一个学期的《身边的美术小课题》教学探索结束了,我长吁了一口气。虽然过程中还有许多遗憾,例如孩子们对资料的筛选能力、汇报时的语言组织能力、性格内向学生的积极性调动问题等,都有待进一步的深入探索。但看着学生们一篇篇稚嫩的报告,我已经感受到了这一学期的学习体验使他们的内心发生了实质性的微妙变化,我只能期待这种变化逐渐发酵,最终帮助他们走向成功。

最后让我用学生的感受来归纳一下他们的体会:

"一次次的碰壁,让我们总结出这几条经验:

1. 组员需团结一心,一切行动听组长指挥,积极参与。

2. 不能搞独立化,要集体活动。

3. 一手资料最为珍贵,不能一味地在网上寻找。

4. 每个组员必须要清楚研究的进展,下一步要做什么,做好充分准备。"

(上海市天山初级中学何晓骏老师撰写)

参考文献:

[1] 何克抗.建构主义——革新传统教学的理论基础(一)[J].学科教育,1998,3,29—31.

案例3:设计挑战任务,分组展开探究

一、小组合作学习内容

人教版数学七年级下册第七章三角形 7.4 课题学习"镶嵌"

二、小组合作学习目标

(一)设计背景及价值目标

1. 目前我所带班级在数学课堂中学习效率低,小组合作学习是有效方法和途径,可以优化课堂教学,提高课堂学习效率。

2. 在小组合作学习中师生角色的转变。协调师生、学生同伴之间的关系,让学生在小组合作学习中学会合作、学会交流、学会学习,从而为未来发展提供良好的基点。

3. 科学的、合理的小组合作学习,可以增强学生合作学习的意识,提高学生合作学习的能力,培养学生的数学学习习惯,为学生的可持续发展奠定基础。

(二) 教学目标

1. 知识与技能目标:

(1) 通过探索平面图形的镶嵌,知道用单一的正多边形图形能进行平面镶嵌的只有正三角形、正四边形或正六边形,并能运用正多边形图形进行简单的镶嵌设计;以及多种正多边形能铺满地面的理由,并能运用这几种图形进行简单的镶嵌设计。

(2) 在探究的过程中,理解正多边形是否能够镶嵌的原因。

2. 过程与方法目标:

(1) 培养学生从实际中发现问题、解决实际问题的能力;

(2) 开发、培养学生的创造性思维能力,使其理论联系实际;

(3) 培养学生动手操作、自主探索、合作学习的能力。

3. 情感态度价值观目标:

(1) 通过观察、实验、归纳、说理等学习活动,使学生在体验数学活动的探索性和创造性中提高学习数学的兴趣,增强学好数学的信心;

(2) 在探索过程中,培养学生的合作交流意识和一定的审美情感;

(3) 使学生进一步体会平面图形在现实生活中的广泛应用,体会数学与现实生活的密切联系,认识数学的应用价值。

三、小组合作学习过程

教学过程设计共分六个环节:

第一环节:观察在线,直观感知。

第二环节:探索平台,小组合作学习研讨。

第三环节:实践之窗,研究探索。

第四环节:思考时空,理性深化。

第五环节:交流乐园,发现归纳。

第六环节:收获评价,总结提高。

第一环节:观察在线,直观感知

1. 活动内容:

(1) 观察工人师傅铺地砖的情景;

(2) 观察校园中平面图形密铺的实况录像。

2. 观察小结:

(1) 什么叫平面图形的密铺?

用形状、大小完全相同的一种或几种平面图形进行拼接,彼此之间不留空隙,不重叠地铺成一片,这就是平面图形的密铺,又称平面图形的镶嵌。

(2) 生活中平面图形的密铺随处可见。

3. 活动目的:

通过观察平面图形密铺的实例,进一步感受平面图形在现实生活中的广泛应用。

第二环节:探索平台,小组合作学习研讨

1. 活动内容:

(1) 六人小组合作学习研讨。

(2) 知识介绍:

① 在平面内各角相等,各边也相等的多边形叫做正多边形;

② 边数为 n 的多边形的内角和等于 $(n-2) \cdot 180°$。

(3) 探索活动问题1:

(做一做):用准备好的学具进行小组合作学习活动。

用大小相同的正三角形、正四边形、正六边形能否密铺? 简述你的理由。能否用正五边形进行密铺?

师:只用同一种全等的图形,哪些图形可以镶嵌呢? 先从最简单、最特殊的平面图形开始研究。

生:先研究等边三角形。

生:也可研究正方形。

师:我们就从这两种图形开始研究。

(这一问题的提出,想带领学生先从同一种全等的图形开始研究镶嵌,但全等的图形,涉及的范围较大,于是采用从一般到特殊的方法,降低问题的难度。)

师：用全等的等边三角形可以镶嵌平面吗？请同学们以小组为单位，动手操作。

（学生以小组为单位，将课前准备好的边长是7厘米的等边三角形集中到一起。）

生：可以镶嵌！

师：全等的等边三角形为什么可以镶嵌平面？

生：我知道了，等边三角形的3个内角和为180°，可以构成一个平角。6个内角可以在一个顶点处构成一个周角，因此可以镶嵌。

师：很好！用全等的正方形可以镶嵌平面吗？为什么呢？

（可以！有了前面的问题做铺垫，这个问题很好回答了。）

生：正方形的4个角可以构成一个周角，在一个顶点处构成一个周角，因此可以镶嵌。

师：全等的任意三角形可以镶嵌吗？请同学们小组讨论。

（学生热烈地讨论着，教师深入到各小组，倾听学生们的讨论，鼓励学生大胆地讨论，对其中合理的回答给予肯定，对有困难的小组及时进行指导。）

生：可以的。任意1个三角形的3个内角都可以构成1个平角。用6个这样全等的三角形可以进行镶嵌。我是这样镶嵌的……

（这一问题的解决是以后学习的关键。学生独立回答比较困难，因此这里采取小组合作、教师指导的教学方法。学生在合作中学习与人交流，通过交流，学生可以用自己的语言清楚地解释这一问题，同时也提高了自己的语言表达能力。）

师：回答得非常完美！（学生给予热烈的掌声。）

师：全等的任意四边形能否镶嵌？请小组讨论。

生：任意1个四边形的4个内角可以构成1个周角，而且在镶嵌的时候要把相等的边互相重合。

（学生答毕，教师展示课件中任意四边形可以镶嵌的动画，学生一目了然。）

师：能镶嵌的图形在一个拼接点处有什么特点呢？

生：在一个顶点处，可以构成360°。

生：相等的边互相重合。

师：这两位同学的回答结合在一起，就非常全面了。

师：一木工厂的废料堆里，堆放着大量废木料，都是形状、大小相同的不规则的四边形。如果把它们做成比较规则的四边形，须锯掉一些边角，就要浪费很多木料，有人建议用这些木料来铺地板,你说行吗？为什么？

生：可以,因为全等的任意四边形能够镶嵌。

（将所学数学知识应用于生活实际,让学生体验到数学的价值所在。）

（4）思考探索归纳：

① 用形状、大小完全相同的正三角形可以密铺。每个拼接点处有 6 个角,每 6 个角分别对应这种三角形的内角,它们可以组成两个三角形的内角,它们的和为 360°。

② 用同一种正四边形可以密铺,每个拼接点处的 4 个角恰好是一个四边形的 4 个内角,它们的和为 360°。

结论：用同一种正三角形、正四边形、正六边形可以密铺。

2. 思考探究：

（议一议）：除正三角形、正四边形、正六边形能密铺外,还能找到其他能密铺的正多边形吗？正五边形能否密铺？为什么？请叙述你的理由？还能找到其他密铺的正多边形吗？

（1）学生小组同伴研讨、拼接。

师：用全等的五边形能镶嵌平面吗？请说明理由。

生：不能!

生：因为在图形的每一个拼接点处,无法用五边形中的某些角构成周角。

（在学生动手操作、小组讨论的基础上,又从特殊回到一般,比较几种图形的共性,用比较归纳的方法得到能够镶嵌的图形在一拼接点处所具有的特点。通过这一特点的归纳,使不同层次的学生,在交流与合作的过程中感受新知。）

名称	在一个顶点处的度数和	能否镶嵌
正三角形		
正四边形		
正五边形		
正六边形		

你发现的规律：

通过以上环节,学生在实验过程中充分体验数据的收集和分析给学习带来的帮助和启发,逐渐发现用一种正多边形进行镶嵌的规律,突出本节课的教学重点。

（2）小组长交流发表小组意见。

（3）师生归纳总结：正五边形不能密铺。

∵ 正五边形的每个内角都是 $108°$，360 不是 108 的倍数。

∴ 在每个拼接点处，三个内角和为 $324°$，小于 $360°$，而四个内角之和大于 $360°$。

∵ 在每个拼接点处，拼三个内角不能保证没有空隙，而拼接四个，必定有重叠现象。因此正五边形不能密铺。

除正三角形、正四边形、正六边形外，其他的正多边形都不可以密铺。

∵ 正 N 边形每个内角 $\dfrac{(n-2)\times 180°}{n}$

设每个拼接点处，m 个内角彼此无重叠、无缝隙拼接在一起。则 $\dfrac{(n-2)\times 180°}{n}\times m=360°$

$$(m-2)(n-2)=4 \quad (m、n 是正整数)$$

∴ $m-2$，$n-2$ 是 4 的因式

∴ $\begin{cases} m=6, \\ N=3 \end{cases}$ $\begin{cases} m=4, \\ n=4 \end{cases}$ $\begin{cases} m=3, \\ n=6 \end{cases}$

∴ 只有正三角形、正四边形、正六边形，可以密铺，其他正多边形不能密铺。

3. 活动研讨小结：

（1）同一种正多边形是否可以密铺的关键是：一种正多边形一个内角的倍数是否是 $360°$。

（2）用大小相同的正三角形、正四边形、正六边形都可以密铺，其他正多边形都不可以密铺。

4. 活动目的和效果：

（1）通过"做一做"、"议一议"实践小组合作学习研讨，学生从实践层面和理性分析推理方面得到数学事实，正三角形、正四边形、正六边形可以密铺，其他正多边形不能密铺。

（2）活动效果：能很好地开展小组合作学习，配合进行实践活动并思索研讨。

（3）小组合作学习研讨：除正三角形、正四边形、正六边形能密铺外，其他多边形都不可以密铺。

第三环节：实践之间，探索研讨

1. 活动内容：做一做、议一议

（1）探索活动问题 2：

① 同一种任意三角形能否密铺？

② 用同种任意四边形可以密铺吗？与同伴交流。

③ 在用同种三角形密铺的图案中，观察每个拼接点处有几个角，它们与这种三角形的三个内角有什么关系？

④ 在用同种四边形密铺的图案中，观察每个拼接点处的四个角与这种四边形的四个内角有什么关系？

(2) 拼接摆摆，将你实践探索的结论与同伴交流。

2. 实践小结归纳：

教师展示多媒体动画和学生进一步观察、回顾探索活动。对上述四个问题给以回答。

(1) 可以。

(2) 可以。

(3) 6个，这6个角分别是这种三角形的内角(其中有三组分别相等)，它们可以组成两个三角形的内角，它们的和为360°。

(4) 每个拼接点处的四个角恰好是一个四边形的四个内角，它们的和为360°。

3. 活动目的与效果：

由对特殊图形的密铺到一般图形密铺的探索，实践了"实践—认识—再实践—再认识"的研究问题的方法。意在通过学生的活动，发现多边形可以密铺的条件。

第四环节：思考时空，理性深化

1. 活动内容：

师：若等边三角形与正方形的边长都相等，用等边三角形与正方形的组合能镶嵌平面吗？为什么？小组讨论研究。

生：在一个顶点处用3个等边三角形和2个正方形可以镶嵌。

师：当等边三角形与正方形组合镶嵌平面时，设一个顶点周围有 m 个等边三角形的内角，n 个正方形的内角，那么，这些角的和就应该满足方程：$m \times 60° + n \times 90° = 360°$，由此得到方程的正整数解为 $m = 3$，$n = 2$，因此等边三角形和正方形可以组合镶嵌平面。

(这一问题的设置是将镶嵌从同一个图形拓展到多个图形。学生回答这个问题时，主要是通过动手操作得出结论。教师则从理论上讲解，帮助学生建立新的知识体系，为学生进一步探索提供可能。)

2. 活动目的与效果：

平面图形的密铺是体现多边形在现实生活中应用价值的一个方面,也是开发、培养学生创造性思维的一个重要渠道。

第五环节：交流乐园,发现归纳

1. 活动内容：

如何以下图中的(1)、(2)为拼图的"基本单位"进行拼图？

如果允许图形作轴对称变换,那么还可以拼出怎样的图案？

2. 活动目的与效果：

意在展示密铺图案的丰富多彩性,同时,为有兴趣的学生研究多种多边形的密铺、不规则图案的密铺提供了范例,增强了学生对密铺的理解。

第六环节：收获评价,总结提高

1. 活动内容：

(1) 目标回顾

① 本节课你有什么收获和感受？

② 本节课你有什么疑惑和问题？

③ 你能给自己和同伴在本节课的学习作个评价吗？

④ 学到了什么？

⑤ 密铺的含义、密铺的条件、密铺的应用、探索平面图形的密铺。

⑥ 思想方法:观察、实验、探究、小组合作学习、比较、归纳、解决问题。

（2）欣赏时空

美丽的密铺图案：

（3）天天向上

小组合作学习实践作业

同时用边长相同的正八边形和正方形能否密铺？说明为什么。请用硬纸板为材料进行实验验证。你能设计一个用边长相同的其他两种正多边形进行密铺的方案吗？

（各小组写出实践总结报告，两周后的周二交。）

2. 活动目的与效果：

通过师生反思评价，梳理知识，系统归纳，对知识和方法进行总结，并通过作业和小组合作学习题全面巩固对多边形进行密铺的理解。

四、小组合作学习评价

本节课是一节小组合作学习课，在教学中不太受到教者的重视，但它所反映的教学思想、方法将在学生今后的学习中起到重要的作用，所以我认为这节课很重要。

1. 本节课重视实践与思考，从中可以感受到以下三点体会：（1）让学生在生活原型中做数学，经历数学。引导学生用数学眼光去观察和认识周围事物，指导学生用所学数学知识去解决实际问题,让学生明白数学源于生活,又为生活服务。(2)让学生经历数学活动,体验知识的产生过程。注重学生的活动过程,注重学生的情感体验,使学生投入到丰富多彩、充满活力的数学活动中去,从而充分发挥学生的主体作用。(3)让学生学会交流展示。学生在数学课堂上各抒己见,敢想、敢说、敢问、敢辩、敢质疑,善于倾听小组同学的展示,并能对结果做出合理的评价。这样既展示了学生的才能,张扬了学生的个性,也使整堂课异彩纷呈。

2. 亮点:(1)学习目标定位准确。通过对平面图形镶嵌问题的探究与解决(不一定能完全解决)过程,加强对正多边形的有关概念、性质的理解;进一步感受数学在现实生活中的广泛应用,发展学生的实践操作能力和推理能力;增强学生应用数学的意识,激发学生学习数学的兴趣。(2)主要问题设计清晰有效。掌握平面镶嵌的定义,以及平面镶嵌的两个条件;会应用镶嵌定义解决单一镶嵌和组合镶嵌问题。(3)教学设计遵循学生认知水平,考虑教学班学情,步步展开,逐步深入,激活学生的学习兴趣。本节课首先从学生熟悉的大量生活实例入手,让学生初步体会镶嵌定义;针对教学难点开展数学试验探究,经历小组合作交流与展示、拓展与创作,进一步积累活动经验,提升了学生的数学思考能力,培养了学生创造意识,增强了学生的合作态度,发展了学生合情推理思维。知道任意三角形、四边形都可以镶嵌平面,并且得出多边形能镶嵌成一个平面图案需要满足的两个条件:①拼接在同一个点的各个角的和恰好等于360°;②相邻的多边形有公共边。

3. 本节课能否达到预期效果,课堂调控是关键。在这一方面,课堂中还有不少地方需要关注,例如:在合作研讨环节,小组学生代表上台展示时,由于已经进行了小组交流,得出了正确答案,就会有部分同学不能集中精力专心听讲,影响了展示的效果,学生质疑的环节的效果也就大打折扣,不利于培养学生的独立思考习惯。另外小组活动环节中个别小组可能缺乏思路,使得该环节节奏较慢,导致后续的拓展检测、归纳提升环节时间相对紧张。学生虽然在合作研讨过程中能够彻底明白镶嵌的特征及条件,但由于短时间内练习量不够,往往导致其解决问题的能力有限。

(新疆乌鲁木齐第八十九中学陈超老师撰写)

案例4：设计多重任务，引导全程合作

把握小说文本的阅读方法
——以《守财奴》的学习为例

一、小组合作学习内容

沪教版高二语文下册《守财奴》。

二、小组合作学习目标

1. 共同探讨小说中主要人物的性格特征。

2. 通过合作学习，掌握小说的阅读方法。

3. 合作排练课本剧，感受小说的艺术魅力，进一步把握小说的主题。

三、小组合作学习设计与过程

课前布置预习任务：

1. 分小组阅读，讨论葛朗台的形象。每组由一位代表整理全组同学讨论出来的结果并在课前予以展示。

2. 分小组完成任务：你们组认为给你们印象最深的片段和细节是什么？

3. 根据自己的阅读理解，分小组改编课本剧《守财奴》，并由同学饰演不同的角色，课前改编，彩排好，学习任务结束后进行评比。

课堂合作学习的过程：

第一课时

课前我们分了四个学习小组，布置了课前的学习任务，这堂课我们根据课前的学习任务一起探讨。

任务一：你们认为给你们印象最深的片段和细节是什么？

第一学习小组："抢夺梳妆匣"。理由：在这个片段中，作者给我们刻画出了一个典型的对金钱具有强烈占有欲的贪婪的资本家的形象。葛朗台已经是一个七十多岁的老人了。正常情况下，七十多岁的老人应该是行动迟缓、步履蹒跚，可是小说中精彩之处就在于，当他看到女儿的梳妆匣时的超出常人想象的表现。这里有一处细节："老头儿身子一纵，扑上梳妆匣，好似一头老虎扑上一个睡着的婴儿。"此处作者用了两个动词："纵"、"扑"，把葛朗台当时对金钱的强烈占有欲，视钱财如生命的本性形象地刻画了出来。

第二学习小组："看守密室"。理由：在这个片段中，虽然作者并没有像前面"抢夺梳妆匣"的情节中那样浓墨重彩地对葛朗台的动作、语言进行刻画，但是，在这个片段中，作者用简洁的语言把一个至死不忘对金钱占有的贪婪的资本家形象刻画出来了。中国有句古话："鸟之将死，其鸣也哀，人之将死，其言也善。"即人在快要死亡的时候，所有的名利、权位、金钱等都已经是浮云了。可是小说中的葛朗台，作者用了一个细节，把他至死也不改的贪婪的本性形象地刻画出来了。"他好像迷迷糊糊地神志不清，可是一到人家该送田租来，跟管庄园的算账，或者出立收据的日子与时间，他会立刻清醒。"好像葛朗台的生命就是靠着金钱维系着的。这是多么令人悲叹啊！

第三学习小组："诱骗继承权"。理由：在这个片段中，作者主要通过语言的描写来刻画人物。葛朗台通过一些花言巧语，想方设法从女儿的手中骗取财产继承权，在这部分的刻画中，作者甚至带有一点夸张的手法，将葛朗台这种资本家的本性刻画出来。在葛朗台身上，没有亲情，没有骨肉之情，有的只是赤裸裸的金钱关系，自己的女儿也要骗，当他得逞之后，小说有一处精彩的细节："得啦，孩子，你给了我生路，我有了命啦；不过这是你把欠我的还了我：咱们两讫了。这才叫做公平交易。人生就是一场交易。"在葛朗台看来，人与人之间就是只有交易。

第四学习小组："临死前抓法器"。这个片段虽然写得相对简短，但是表现得淋漓尽致，把葛朗台的贪婪想象，金钱奴才的形象刻画出来了。作者在小说的最后，抓住葛朗台的一个动作细节来写，把人物的本性刻画得触目惊心。在最后的弥留之际，一般人都会有自己最牵挂、最难以放下的一些东西，在葛朗台身上，他最难以搁下、放心不下的还是金子、钱。这种强烈的讽刺让人深思。

教师总结评价：

四个小组的学习结果都很精彩，可以看出同学们在学习的过程中探究、合作的精神。在这篇精彩的课文中，令人深思的地方很多，四个小组所找到的都是非常精彩的部分，而且阐述的理由也很充分。我们阅读一部作品，特别是小说，一定不能只追求作品当中写了什么，而更应该思考作者是如何写的，为什么要这样写？就像同学们在前面的合作学习结果中所呈现的那样，要有思考,有分析,有自己的认识,这才是真正的文本阅读。

下面列举第一学习小组课前的学习过程实录:

时间:下午第三节自修课,地点:本班教室,学习方式:阅读讨论。

组长分配任务:全组十个同学,每个同学认真阅读课文两遍,然后将自己的阅读体会结合老师课前布置的要求写在一张文稿纸上之后统一交给组长。

十分钟后,本组的十个同学基本阅读完毕,准备在文稿纸上完成学习的任务。

十分钟后,每个同学在文稿纸上都按要求写下了自己的作业并交给组长。

组长召集两个平时语文学习能力较强的同学对全组同学所交上来的作业进行整理,找出相对趋同的观点。

三分钟后,两个同学整理出结果:五个同学写的是"抢夺梳妆匣"部分,两个同学写的是"诱骗继承权"部分,两个同学写的是"看守密室"部分,还有一个同学写的是"抓法器"部分。

组长:那我们就民主集中,少数服从多数,我们组就"抢夺梳妆匣"这个片段来讨论。

接下来十分钟:全组展开讨论,各抒己见,组长作记录。

组员一:我觉得在这个片段中,葛朗台的这几个动作非常有意思,一个七十多岁的老人,还能够一纵、一扑,可见身手之矫健!这里应该是作家着力在刻画的,有意这样写的。

组员二:我同意他所说的,因为抢夺梳妆匣,突出抢夺,因此要抓住动作来写。

组员三:我想补充的是,这个细节写得看似有些反常,但是就是在这样一种反差中凸显出葛朗台的内心心理。

组员四:在这个片段中,这两个动作的刻画确实传神,因为葛朗台他抢的不是别人的东西,而是自己女儿的梳妆匣,这也就表明在他眼里,只有金子,不管金子是谁的,不管合不合适。这就是一种视钱财如生命的本性体现。

最后组长统稿,形成课堂上第一学习小组的学习成果。

教师:接下来我们完成课堂上的小组合作学习任务,对小说文本进行深入鉴赏,进一步把握小说文本的阅读方法和要领。在小说中有以下 8 句话(投影),请各组思考,哪一句话可以和哪一个神态相配,为什么?1. 拿了一把金路易摔在床上。2. 一边说一边把钱掂着玩。3. 在女儿面前哆嗦。4. 眼睛的神气差不多是很慈祥了。5. 脑门上尽是汗。6. 他搓着手。7. 瞪着金子的眼光。8. 冷笑着。

(5分钟时间分组讨论)

第一学习小组讨论的结果：我们小组意见有分歧，但经过最终的协调，达成相对统一的意见。第1句和第5句配，第2句和第7句配，第3句和第4句配，第6和第8句配。理由是，第1、5两句相配，刻画出了葛朗台的对金钱的占有和紧张。第2、7句形象地写出了他对金钱的渴望，爱不释手。第3、4两句相配写出了葛朗台为骗得女儿的继承权时的虚伪和紧张。第6、8两句写出了他的内心险恶。

第二学习小组：我们认为第1句应该和第8句相配比较合适。因为结合文本内容来分析，"拿了一把金路易摔在床上"这个动作是葛朗台在发现自己硬抢不行的情况下，采取的一种迂回战术，这是一种阴暗的内心心理，因此，他会冷笑。

第三学习小组：我们认为第2句和第5句相配比较合适。因为"一边说一边把钱掯着玩"这一系列动作表现的是一种紧张的内心心理，而"脑门上尽是汗"则是直接刻画人物的紧张表现。因此，这两句放在一起比较相配。

第四学习小组：我们认为第3句和第4句，第6句和第7句相配。因为，"搓着手"这个动作一般表现的是人物内心的紧张，但又不愿让人看出他的紧张，同时又是非常迫切地想得到某些东西的这样一种心理，而"瞪着金子的眼光"直接刻画出了葛朗台对金子的急切渴求的心理，两句放在一起能更好地表现葛朗台的贪婪。

教师总结：很好，经过大家的分组学习、讨论，我们对于作品中作者对葛朗台的刻画有了比较深的认识，也初步感受到了作家是如何巧妙地对人物形象进行塑造和刻画的。希望大家从中明白一个道理，掌握一些技巧。小说是以刻画人物形象为核心任务的，而人物形象的塑造和刻画是有不同的技巧和方法，我们阅读小说就应该学会把握这些。

附第一学习小组的讨论意见及过程：

组长：我觉得第1句与第5句配比较合适。因为"拿了一把金路易摔在床上"这句话是葛朗台在抢夺梳妆匣时，他的行为刺激到了他生病的妻子，妻子此时生命垂危，在这种情形之下，葛朗台显得有些着急了，所以脑门上急出汗来了。

组员一：组长所分析得有一些道理，但是，说葛朗台因为见到妻子生命垂危而急出汗，似乎并不妥当。

组员二：不能说葛朗台完全因妻子病重而着急，但是确实此时的他着急了，因为他知道如果妻子死了，那么他的女儿就要继承一部分母亲的财产，这对于视钱财如命的葛朗台来说是非常着急的。因此，葛朗台此时急出一脑门汗是因为担心财产被女儿继承。

组长：很有道理，葛朗台的内心就是只关心钱，也只会为钱而着急。

组员三：第2句和第7句配比较合适。因为"一边说一边把钱捶着玩"一句就是一个典型的守财奴的形象，虽然这只是一个动作，但是通过这个小小的动作我们可以看出他的内心。

组员四：第7句"瞪着金子的眼光"同样也是一种守财奴的本性体现。

组长：第3句和第4句相配比较合适。"在女儿面前哆嗦"这是葛朗台在得到继承权之后的一种本能的反应。"眼睛的神气差不多是很慈祥了"一句是葛朗台在骗得女儿继承权后的一种虚伪的表现。这都是守财奴本性的体现。

组员五：我同意组长的说法，我来说说我对第6、8两句的理解和看法。"搓着手"和"冷笑着"两句都是动作描写，但是"冷笑着"更侧重在神态上，两句都写出了葛朗台在得逞之后内心的阴暗。所以两句放在一起比较合适。

第二课时

教师：上节课我们就文本进行了比较深入地探究，相信同学们对作品中的主要人物葛朗台已经有了比较深的印象。这节课我们就一起通过小组合作排演自编的课本剧，进一步感受作品的魅力，把握作品塑造的人物，进而把握小说的主题。

用30分钟时间演课本剧，每组7分钟。每个小组根据自己改编的小说片段，自己选好角色饰演，其他各组分别予以评价。

第一学习小组：《抢夺梳妆匣》

编剧：王预立　主演：王怡杰、徐斐颖、赵晓倩、顾怡雯

第二学习小组：《看守密室》

编剧：沈嘉良　主演：周晓帆、朱敏、李蓉烨

第三学习小组：《诱骗继承权》

编剧：陆冉钦　主演：陈超逸、张与何、任斐、颜舒歆

第四学习小组：《弥留之际》

编剧：徐圆圆　主演：杨华俊、徐志林、徐秀静

表演：（略）

附第一学习小组合作学习过程：

1. 分配任务：改编课本剧主要由王预立负责完成统稿，角色的饰演由赵晓倩安排。各个角

色负责好自己的台词改编。

角色：葛朗台　饰演：王怡杰

　　欧也妮　　　　徐斐颖

　　母亲　　　　　赵晓倩

　　拿侬　　　　　顾怡雯

旁白：赵莹

2. 完成剧本改编。

王预立：我觉得旁白应该用上海话来说比较有味道。各个角色的台词要稍作修改，有些夸张色彩，才会有舞台的戏剧效果。

　　　时间：晚饭时分

　　　场景：葛朗台的家

　　　人物：葛朗台、欧也妮、葛朗台夫人

　　　旁白：葛朗台轻手脚地开了门，上了楼，听到妻子房里有声音，便扒着门缝偷偷地看了
　　　　　　起来，卧房里，欧也妮捧着一个东西放在母亲床上。

　　　欧也妮：妈妈，你看，这明明是他的额角，他的嘴。（旁白：这是欧也妮的恋人、葛朗台的
　　　　　　　侄儿查理的母亲的遗物，查理因父亲自杀而投奔葛朗台，却被葛朗台打发去了
　　　　　　　印度，临行前，欧也妮把自己的全部储蓄送给了他，而查理也将这个贵重梳妆
　　　　　　　匣留给欧也妮保存，匣内装的是查理母亲的肖像。）

　　　母亲：（慈爱地抚摸欧也妮的头发）哦，是的，真像。

　　　旁白：葛朗台开门走进来。

　　　母亲：（双手抱在胸前，脸上尽是恐怖的神色，尖叫着）上帝呀，救救我们！

　　　（老头儿身子一纵，扑上梳妆匣）

　　　葛朗台：（一边抱着宝匣往窗前走，一边说）什么东西？

　　　旁白：仔细地抱着看了又看。

　　　葛朗台：哦，是真金，金子！

　　　旁白：脸上露出陶醉痴迷的神色，双眼兴奋地放光。

　　　葛朗台：这么多的金子，有两斤重！啊！啊！

旁白：他的脑袋又转向了欧也妮,脸上尽是得意的神色。

葛朗台：查理把这个跟你交换了美丽的金洋,是不是? 为什么不早告诉我? 这交易划

得来,小乖乖! 你真是我的女儿,我明白了。(欧也妮气得浑身发抖)

葛朗台：(他抱着匣子捧到欧也妮面前)不是吗? 这是查理的东西。

欧也妮：(委屈地大叫着)是的,父亲,不是我的! 这匣子是绝对不可侵犯的! 是寄存的

东西!

葛朗台：咄,咄,咄,咄! 他拿了你的家私,正应该补偿你!

欧也妮：父亲……(葛朗台把匣子往椅子上一放,便去搯刀子,欧也妮扑过去,想抢回,

葛朗台手臂一摆,使劲一推,把女儿推倒在床上)

母亲：(嚷着从床上直坐起来)老爷,老爷!

欧也妮：(跪下来,爬到父亲身旁,高举着两手)父亲,父亲! 看在圣母的面上,看在十字

架上基督的面上,看在所有圣灵的面上,看在你灵魂得救的面上,看在我的性

命面上,你不动它! 这个梳妆匣不是你的,也不是我的,是一个受难的亲属的。

他托我保管,我得原封不动地还他!

葛朗台：为什么拿来看呢? 要是寄存的话,看比动手更要不得!

欧也妮：父亲! 不能动啊! 你叫我见不得人啦! 父亲,听见没有?

母亲：老爷,求你!

欧也妮：(在手边拿着一把刀子,比在胸前)父亲!

葛朗台：(冷笑着)怎么样?

母亲：老爷! 老爷! 你要我的命啦!

欧也妮：父亲! 你的刀把金子碰掉一点,我就用这刀结果我的性命! 你已经把母亲害

到只剩一口气,你还要杀你的女儿! 好吧,大家拼掉算了!

葛朗台：(把刀子对着梳妆匣,望着女儿,迟疑不定)你敢吗? 欧也妮?

母亲：她会的,老爷!

拿侬：(刚冲到门边,嚷着)她说得到做得到! 先生,你一生一世总得讲一次理吧! (葛

朗台看看金子,又看看女儿,这时葛朗台太太昏了过去)

拿侬：唉! 先生! 你瞧,太太死过去了!

葛朗台：(把梳妆匣扔在床上)哦,孩子! 咱们别为了一只匣子生气了,拿去吧——拿

侬,你去请裴日冷先生——得啦,太太!(吻着妻子的手)没有事了,咱们讲和了——不是吗?小乖乖!不吃干面包了,爱吃什么吃什么吧!……啊!她眼睛睁开了——唉,唉,妈妈!小妈妈!好妈妈!得了,唉,你瞧我拥抱欧也妮了,她爱她的堂兄弟,她要嫁给他,就嫁给他吧!让她把匣子藏起来吧,可是你,得长命百岁地活下去呀,可怜的太太,唉,唉,你身子动一下给我看哪,告诉你,圣体节你可以拿出最体面的祭桌,索漠从来没有的祭桌。

母亲:天哪!你怎么可以这样对待你的妻子跟孩子!

葛朗台:下次绝不了,你瞧就是,可怜的太太(从包里掏出一把金路易,甩在床上)喂,欧也妮!喂,太太!这是给你们的,嗳嗳,你开心!快些好起来吧!你要什么有什么,欧也妮,是不是?

欧也妮:(和母亲面面相觑,莫名其妙)父亲,把钱收起来吧,我们只需要你的感情!

葛朗台:(忙不迭地把金路易装进口袋)对啦,这才对啦,咱们和和气气地过日子了吧!大家下楼,到堂屋里去吃晚饭,天天晚上两个铜子的摸彩,你们痛快玩吧!嗯,太太,好不好?

母亲:唉,怎么不好?既然这样你觉得快活,可是我起不来呀!

葛朗台:(他搂着欧也妮,拥抱她)哦,吵过了架,再搂着女儿,多开心,小乖乖!……嗨,你瞧,小妈妈,现在咱们两个变成一个了。(他指着梳妆匣)把这个藏起来吧,去吧,不用怕,我再也不提了,永远不提了!

　

教师评价:各小组对人物的形象把握比较准确,都能抓住小说文本中表现的人物特点来表演。葛朗台在小说的这四个片段中都表现出了一个资本家的本性——贪婪、视金钱如命,但是各部分又不尽相同。在抢夺梳妆匣的这个剧情中,葛朗台因为对金钱的强烈渴望而使他失去人最基本的亲情,在他眼里,女儿、家庭乃至妻子的生命都没有金钱重要。这是作者要极力表现的。在金钱面前,亲情显得那么微弱,那么不值一文。所以在表演的时候,要把他抢夺梳妆匣时的凶狠,不顾一切的样子表现出来。在看守密室这个片段中,作家重点要刻画的是葛朗台身上维系自己生命的东西就是钱。因此,在表演的时候应该重点把他的那种因金钱而激发出来的生命的力量表现出来。在诱骗继承权的片段中,重点应该表现葛朗台为了金钱不择手段,他的狡猾、奸诈。最后的弥留之际片段重点表现的是他作为金钱的奴隶,至死也不改他的本性。

人物形象的探讨：

各小组代表发言（略）

教师总结：在葛朗台眼中，金钱高于一切，没有钱，就什么都完了。他对金钱的渴望和占有欲几乎达到了病态的程度。他半夜里把自己一个人关在密室之中，"爱抚、欣赏他的金币，放进桶里，紧紧地箍好"。临死之前还让女儿把金币铺在桌上，长时间地盯着，这样他才能感到暖和。对金钱的贪得无厌使老葛朗台成为一个十足的吝啬鬼：尽管拥有万贯家财，可他依旧住在阴暗、破烂的老房子中，每天亲自分发家人的食物、蜡烛。贪婪和吝啬使老葛朗台成了金钱的奴隶，变得冷酷无情。为了金钱，不择手段，甚至丧失了人的基本情感，丝毫不念父女之情和夫妻之爱：在他获悉女儿把积蓄都给了夏尔之后，暴跳如雷，竟把她软禁起来，"没有火取暖，只以面包和清水度日"。当他妻子因此而大病不起时，他首先想到的是请医生要破费钱财。只是在听说妻子死后女儿有权和他分享遗产时，他才立即转变态度，与母女讲和。伴随贪婪和吝啬而来的是老葛朗台的狡猾和工于心计。对于每一笔买卖，他都精心算计，这使他在商业和投机中总是获利。另外，时常故意装做口吃和耳聋是他蒙蔽对手的有效武器。老葛朗台的贪婪和吝啬虽然使他实现了大量聚敛财物的目的，但是他却丧失了人的情感，异化成一个只知道吞噬金币的"巨蟒"，并给自己的家庭和女儿带来了沉重的苦难。老葛朗台是巴尔扎克刻画得最成功的吝啬形象之一，已成为法国文学史乃至世界文学史上的一个广为流传的经典人物。

课后作业：分小组完成，请各组根据小说的情节，推断欧也妮的结局是怎样的？

四、小组合作学习评价

小说的阅读教学重在尊重学生的个性阅读，通过学生的个性化阅读，教师引导学生感悟小说的艺术魅力。因此，在这篇小说的教学中，我采取了小组合作学习的方式。在这次的小组合作学习的教学案例中，每次的小组学习，全组有一个共同的学习任务，每个组员也有自己的学习小任务，有分工有合作，真正体现出小组合作学习的合作。比如在第一项学习任务中，每个同学都应该有自己认为精彩的片段和细节，先由小组成员找出，然后进行探讨，深入探究，合作学习，最后得出本组的学习成果。这样既促使每个同学进行阅读，也能让同学之间互相学习，接受或者批判组员的意见，在思想的碰撞中得到自身的提高。

在第二、三项学习任务中，更是体现了这种合作的重要性，没有全组成员的参与，有些任务是没法完成的。比如说课本剧的表演，必须是大部分同学的参与。剧本的改编，角色的分配，这些都需要每一个同学的参与,同时还需要有一个相对统一的意见,这就是分工与合作。而且,在剧本的改编过程中,学生必定会对小说中的人物进行思考,对小说中的语言进行再加工,这种探究学习、体悟学习更加有利于学生对文本的把握。同样,在角色演出的时候,每个同学对自己饰演的角色必定会有自己的认识,会有创作。因此,我认为此次小组合作学习的教学收到了较好的效果,达到了教学的目标和要求。

(上海外国语大学嘉定外国语实验高中邹海华老师撰写)

案例 5:分配不同任务,分享实践体验

一、小组合作学习内容
上海市科教版三年级第一学期第五单元第三课《大自然"老师"》

二、小组合作学习目标
1. 通过小组合作完成仿生的情景任务,经历仿生的过程,知道仿生是运用生物身上的一些特点帮助我们解决生活中的实际问题。

2. 在合作完成仿生任务的过程中提高学生动手操作的技能。

3. 通过小组合作对给予的生物资料进行筛选,体会小组分工工作的重要性。

4. 通过小组对任务中所需材料的选择,培养自我否定与自我完善的科学意志品质。

5. 仿生任务中,组内成员合理安排完成任务的环节,以此发现每个人身上各有长处,能够发挥各自优势,提高任务完成的效率。

6. 任务的最终成果以小组交流与互评模式呈现,以培养学生的表达能力,以及同学之间互相尊重、互相学习的合作精神。

三、小组合作学习过程
《大自然"老师"》是一堂充满乐趣的自然科学课,整堂课以一个集体性的仿生活动开始,这个活动请来了两位来自大自然中的老师:"葱"与"韭菜"。在学生们仔细观察、认真琢磨这两位老师的特点后,教师提出了一个有趣的任务:"怎样使一张纸巾站立起来,并且不易被吹弯呢?

哪个小组能先想到办法?"同学们在组内展开激烈的讨论,一些"小机灵"很快想到了之前的两位老师,纷纷把纸巾卷起来,像葱那样呈圆柱状,完成任务。

第一个活动中,学生们渐渐地对仿生有所体会,即我们可以运用生物身上的一些特点帮助我们解决生活中的实际问题。并且也在实际操作中体验到了仿生的过程:1.知道自己面临的实际问题;2.尽可能地知道生物的基本结构与本领;3.寻找合适的生物作为老师;4.根据实际问题,合理运用。

以此为铺垫,开始以小组为单位进行合作学习。教师首先提出四个情景任务:

1. 在厨房间里的抹布需要悬挂起来,这样比较卫生,使用时也方便。要求不能破坏瓷砖,并且不能使用黏合剂,把抹布挂在瓷砖墙面上。(瓷砖表面非常光滑,如何把悬挂物固定在瓷砖上?)

2. 用三毛球拍和网球做游戏,要求既可以用球拍打球,又可以用球拍接住球。要求设计一个既可以打球,又可以接球的球拍。(仔细观察网球的表面,思考如何把球接住?)

3. 可以把吸管弯曲成任意形状,并且可以把它定型。(吸管具有弹性,如果使用蛮力容易破坏吸管。)

4. 一张柔软的塑料纸,要利用它来切开泡沫塑料。(怎样的形状适合切割?)

学生阅读情景任务以及任务提示后,需要讨论情景问题的关键点,并组内协商选择一个任务,领取任务涉及材料:抹布;球拍、网球;吸管;泡沫、塑料片。教师需在准备任务的数量上做好准备,确保每一个任务都有小组认领。当一个小组需要的任务被认领掉了时,可以回去协商换一个任务。

选择任务后,由于之前的铺垫,面对问题不知所措的学生们会主动说出向大自然"老师们"求助,此刻教师向学生发放生物的资料,分别有:锯齿草、藤蔓、雨蛙、苍耳、老鹰、鱼、蝙蝠等,其中包括任务需要的,也有不需要的,让学生自己选择。在这个阅读筛选的过程中,学生发现虽然需要阅读的文字不多,但是生物的数量很多,时间上有所紧迫,于是他们学会分工阅读。当一个学生读到可能是需要的生物时,才"抱作一团"集体讨论,整个过程在隐性中使他们体会到了分工的重要性。

当小组找到符合任务的生物时,他们是兴奋的,各个跃跃欲试地来到工具台,选择相应的"老师"所代表的工具。供给他们选择的有:藤蔓老师(一根铁丝);锯齿草老师(剪刀);苍耳老师(尼龙搭扣);雨蛙老师(吸盘);老鹰老师(钩子)。可是,当他们打开相应的盒子时,有些小组很失望,他们选错了,没法完成任务。此时教师应提示学生,如果没有选对,商量后再继续选择,学生的积极性又被调动起来。因此,教师需要提前根据任务的数量配上工具的数量,数量必须有多余,这样才能使学生有机会"选择"、"犯错"、"纠正",能够在共同合作的过程中体会到成长的喜悦,又保证选择正确的小组能够顺利进行。生物与工具都选择正确后,学生便发挥所长,动手制作,完成任务。

下面是其中一个小组成员之间的讨论,他们的任务是做一个能使抹布挂在瓷砖上的器具,但不能破坏瓷砖也不能使用黏合剂。

小组的成员看到别的小组们已经走向工具台挑选工具,心里着急不已,一位心急的男生嚷道:"大家都快点,别人都开始找工具了。"一个文静的女生建议道:"'老师'太多了,我们得分工看,这样可以快一点。"大家纷纷点头表示同意。不一会儿,那位男生说:"看!雨蛙脚上的吸盘可以使它牢牢地吸在光滑的叶面上,瓷砖也是光滑的,我们应该选择这个'老师'!""不对,吸盘上没有钩子,抹布怎么挂上去呢?"那位文静的女生又说道,"我觉得可以试试'苍耳老师',它表面的钩子可以粘住抹布。""怎么可能,你们看,这块抹布是光滑的,没有毛茸茸的表面,而且我们又怎么把'苍耳老师'固定在瓷砖上? 不能使用黏合剂呀。"男生反驳道。"别急,我也觉得'雨蛙老师'是唯一能够不用黏合剂就能固定在瓷砖上的,我去看看'雨蛙老师'与'苍耳老师'里有什么工具。"另一个活泼的女生说着便跑去工具台观察,不久便兴奋地拿回'雨蛙老师'的吸盘,往瓷砖上一吸,果然能吸住,但是'苍耳老师'的粘扣带却不能固定在瓷砖上也不能挂住光滑的抹布。但是四位小朋友却发现抹布怎样都不能挂在吸盘上,看看四周的同学们都找到了他们需要的工具并在制作中了,真是心急如焚。"别急,大家看,老鹰的爪子像钩子,能牢牢抓住猎物不使它掉落,我们可以找个钩子固定在吸盘上,再挂上抹布就行了。"一个戴眼镜的男生说道。"可以用两位'老师'吗?"文静的女孩疑惑道。那位活泼的小女生很快又去工具台,"老师没说不可以!我们试试! 找到了!"她拿着"鹰老师"的钩子回来。"哎! 吸盘上有个洞,正好可以穿过钩子后面的部分。"两位男生说着便合力将钩子固定在吸盘上,挂上抹布,任务便完成了,四位同学都开心地举起手来。整个过程四位同学相互合作分工,展开激烈的讨论,体会到集体的力量,同时又通过活动自主学习,经历仿生的过程。

在交流过程中,为使学生能够清晰地表达,教师提供了辅助性模板,每组需派一个同学说清:1.小组的任务是什么;2.选择了哪个大自然"老师";3.大自然"老师"的什么本领帮助你们解决了问题;4.演示作品。这时,每个小组都推荐了组内最"能说会道"的成员展开"演讲",各尽所能将整个任务完成得最好。

当一个小组交流完毕后,教师需让小组内成员进行互评,由于小组完成的任务并不逐一相同,倾听其他小组的交流便变得格外重要,这是另一种合作学习的过程——分享。互评的环节能够提高学生倾听的注意度,但是内容不宜过难。此次评价主要包括三方面:老师选对了吗?任务完成了吗?他们合作得怎么样?当合作也被列为评价内容时,学生自然会更加注重完成任务需要合作的要点。

我们来听听这个小组的交流,他们找了一位口齿伶俐的女生:"我们的任务是把吸管弯曲成任意形状,并且可以把它定型,但又不能破坏吸管。经过大家一起寻找,我们一致认为藤蔓的特点能够帮助我们,因此选择了它做老师。'藤蔓老师'能够缠绕植物使其弯曲并且定型,所以我们把代表'藤蔓老师'的铁丝缠绕在吸管上,完成了这个任务。"这位女生的答案让教师和同学都鼓掌表示对他们小组的认可。之后的几个小组也依次派出善于言辞的同学进行交流,使整个交流的过程变成了小型的研究会。

整个小组合作活动生动有趣,学生在情景任务的推动下经历了仿生,学会了仿生。更为重要的是,他们体会到了小组合作的重要性。只有合作,发挥所长,才能顺利地、有效率地完成这些情景任务。可见,这是一个成功的小组合作活动。

四、小组合作学习评价

在科学研究中,研究者们经常需要以团队的状态运用各种思维来解决科学领域中的实际问题,科学课程也应给予儿童这样的机会。从生活中寻找真实有趣的实际问题,激发学生的探究兴趣与好奇心,让他们像科学家一样以团队的形式亲身体验解决科学问题的过程,以促进儿童各方面能力的综合发展。这便是此次小组合作学习的做法。

在整个小组合作学习活动中,教师根据学生的认知能力选择了难度相当的学习内容,既富有趣味性更充满挑战性,快速地将学生的注意力全部集中。同时,在设置活动环节中,处处体现出团队合作对此次情景任务的重要性,使学生亲自体会到"一双手与一双眼是不够用的",从而由内心自发地去寻找伙伴的合作与帮助。

第一,在请葱与韭菜"老师"登场时,学生的注意力就被吸引,并且教师语句中"哪个小组最快想到"已经将同学们的思维转移到以组为单位的合作上。

第二,情景任务的协商与选择,成为小组合作的热身运动,同学们在协商中培养出默契,并且都暗自在心中明白"我们面对的是同一个任务,并且这个任务是一起挑选的"。

第三,数量不少的阅读资料很快地使学生意识到分工阅读、合作商讨的重要性。

第四,在选择生物及相对应的工具时,可能有顺利带来的喜悦,也会遇到一点小挫折,当然这是教师提前在材料上设置好的。喜悦能够使学生体会到合作的优势,挫折能够使伙伴更为紧密地"依赖"在一起。

第五,学生总能找到组内的"巧手"完成任务,学会提高效率,发现别人的优点。

第六,他们也能够找到一个小能手进行展示交流。

第七,小组间的评价提升了全班同学认真倾听、互相尊重与学习的氛围。

这七个环节有效地达成了本次小组合作学习的目标,使学生既学到了科学知识,又在学习的过程中真切体会到团队合作的重要性。学生能够通过此类活动将合作学习的重要性由外部操作进行心理内化,从而形成良好的合作意志品质。因此,这是一次成功又精彩的小组合作学习活动。

（上海市汇师小学叶洲老师撰写）

案例 6：分配不同任务，鼓励相互评价

一、小组合作学习内容

沪教版小学五年级音乐下册《一把雨伞圆溜溜》

二、小组合作学习目标

1. 知识技能:通过分组讨论为歌曲加上适当的表情记号、力度记号,以及自主创编二声部合唱与编排歌舞表演练习,学会课堂中的合作创编以及能与同学合作分析歌曲并做出恰当的情感处理。

2. 过程与方法:通过演唱、创编、器乐演奏、舞蹈、分组练习、表演交流、小组评价等方式,学习歌曲及拓展活动,感受歌曲所描绘的儿时伙伴一同玩耍的情景,体会友谊的美好。

3. 情感态度与价值观:通过歌曲学习,拓展活动交流评价,体验歌曲表达天真烂漫的童趣,通过分组学习创编等活动,感受合作学习的乐趣以及歌曲所描绘的好朋友在一起的欢乐时光。

三、小组合作学习设计

合作活动一：歌曲处理

1. 教师提问：请同学们用已学过的音乐知识分析，可以从哪几方面为歌曲加上适当的表情记号，为歌曲做出情感处理？

学生回答：(1)在适当的地方为歌曲加上跳音记号；(2)为全曲加上力度记号演唱。

2. 教师提出要求：请同学按教室自然座位分成两大组，分别从两方面处理歌曲，由组长带领组员讨论。

3. 学生分组，教师参与指导：

(1) 第一小组：在歌曲中适当的地方加上跳音记号并演唱。

师问：为什么要再逐个部分加上跳音记号？

生答：主歌部分描绘雨中景，生动活泼，充满童趣，加上跳音记号演唱更生动。副歌部分是情绪高潮，用连音的方式演唱更能抒发情感。

(2) 第二小组：为歌曲加上强弱力度记号并演唱。

师问：同学们为全曲加上的力度记号的依据是什么？

生答：根据演唱后的感受和歌词描绘的情景的情感层层递增，一致商量的结果。

4. 两组分别展示演唱，教师总结。

5. 小组互相评价交流。

(1) 各组派代表互相口头点评对方小组对歌曲情感处理的优劣。

(2) 各组派代表为对方小组的情感处理贴五角星评分。

评价由三个指标组成：

(1) 是否每位组员都参与活动。

(2) 歌曲处理是否合情合理并能够表现歌曲的情绪。

(3) 小组歌唱展示是否表现了各自所处理的歌曲情感。

6. 结合两组同学对歌曲所做的情感处理，全体有感情地演唱歌曲。

合作活动二：综合拓展活动

1. 教师布置活动任务：全体学生按自己喜欢的综合表演方式分成三组——合唱小组、伴奏小组、表演小组。

2. 学生各自分组，并选出组长，讨论表演形式并创作。

（1）合唱小组为歌曲创编简单的二声部轮唱或合唱。

a. 全体组员共同讨论选择二声部演唱方式，并选择轮唱的演唱形式，请教师帮助指导。

b. 组长分配组员分成两声部，各自进行练习，并请教师帮助弹钢琴伴奏，组员合作练习二声部轮唱。

（2）伴奏小组组长分配组员选用合适的小乐器，创编节奏型为歌曲伴奏，并请老师帮忙弹钢琴伴奏。组长指挥部分组员演唱歌曲，其他组员用小乐器伴奏，并排练。

（3）表演小组共同商讨剧本，并各自分角色，为歌曲编配简单的舞蹈动作，进行歌表演：细雨中，带伞的同学帮助没有伞的同学一起回家，大家在雨伞下一路欢声笑语，其乐融融。

3. 小组上台交流展示拓展创编成果，并互相口头点评。

4. 教师总结：

第一小组选择为歌曲加上了轮唱，丰富了歌曲的演唱形式；第二小组为歌曲加上了适当的小乐器伴奏，让歌曲更为生动；第三小组创编了歌表演，展现了同学们互帮互助、团结友爱的精神。看来大家都在活动中感受到了合作的快乐，也收获了共同努力的结果！

5. 小组代表与教师分别为三个小组的展示贴五角星评分。

评价由三个指标组成：

（1）是否每位组员都参与活动。

（2）各组活动创编是否有创意并能表现歌曲。

（3）交流展示是否大方、自信、有美感。

6. 教师改进三个小组的创编活动，并融合起来让其共同表演，全班同学通过完整的唱、奏、演来表现歌曲。

四、小组合作学习评价

《一把雨伞圆溜溜》是一首曲调欢快、活泼、十分有趣的歌曲。歌曲吸收了通俗歌曲的写作手法，表现了儿童雨中共伞、嬉戏玩耍的情趣。歌曲中还出现了跨小节切分音、休止符以及连续的小附点节奏型和音程的大跳使音乐更加欢快、跳跃、诙谐有趣。歌词"嘻嘻哈哈"也非常口语化，加上下滑音的巧妙运用，生动刻画了孩子们在雨中欢笑的神情。

在这节课中，我设计了两个分组合作学习的小板块：第一个板块是分组由学生自己设计为歌曲做情感处理。五年级的学生已经拥有了一定的音乐素养，对于歌词的理解和歌曲的旋律、速度所表达的情感有一定的独立分析能力。学生在学会演唱歌曲后，会自然地感受到歌曲的意境，所以让学生分组从两个方面对歌曲演唱情感做处理，一方面提高学生的音乐知识技能，另一方面培养学生的乐感与对作品的分析能力。通过交流与口头点评，两组学生可以互相学习取长补短，最后将作品处理加以完善。第二板块是分组让学生创编不同的表演活动。在这个环节中，学生的分组比较自由，按照各自擅长或喜欢的表演形式进行分组。学生不仅能在各小组中发挥自己的特长，也能起到小老师的领导与带头作用。五年级的歌曲学习不仅仅是单一的演唱形式，而是要通过歌曲的学习，用各种不同的活动方式来表现作品、表达作品的含义。学生在分组合作创编二声部合唱、创编伴奏节奏型以及舞蹈动作的同时，不仅仅能够更深层次地理解作品内容，而且更锻炼了学生的组织能力、语言能力。组长恰当的分工，也让所有的学生都参与到共同的学习活动中来，使每一个人都能最大限度地发挥自己的长处。

"八仙过海，各显神通"。教学实践也证明了学生自己分工是合作学习发展的必然，分工协作又是保证任务顺利完成的基础。同样，在对合作的评价上我也侧重于对小组的集体评价。主要从小组成员的合作方式，小组活动的形式、内容，小组成员的参与度、达成度等方面建立了评价指标。通过这一评价机制，不断引导小组成员向更有利的方向发展，不断矫正合作学习过程中出现的偏差，努力做到"不求人人成功，但求人人进步"。

（上海市汇师小学胡君瑜老师撰写）

案例7：分配相同任务，践行同伴评价

一、小组合作学习内容

沪教版小学四年级音乐《我们大家跳起来》第二教时

说明：歌曲《我们大家跳起来》是以巴赫的《小步舞曲》填词而成。通过第一教时的学习，同学们已经能够用活泼的情绪、明亮的音色有感情地演唱歌曲，歌曲难点——反复记号、跳跃反复记号、歌曲的连断对比也得到了较好的掌握。在课程的第二教时，为了更好地使学生体会小步舞曲 3/4 拍的律动感、提高学生的音乐综合能力，开展了以小组合作为主要形式的课程学习。

二、小组合作学习目标

1. 演唱歌曲《我们大家跳起来》，感受歌曲的优美欢快、轻盈典雅，在歌唱、合作、表演的过程

中体验愉快热烈的音乐氛围,参与音乐活动,体验合作学习过程中的快乐。

2. 能够参与小组合作,为歌曲《我们大家跳起来》创编节奏型,并用合适的小乐器及动作队形进行表演。

3. 通过演唱、演奏、表演等方法,在体验、表演的过程中表现歌曲;通过为歌曲创编节奏、器乐伴奏、小组合作,养成在音乐中与同学相互合作的好习惯。

三、小组合作学习设计/过程

师生问好。

第一遍(师):

歌声轻轻飘,　同学们好!

第一遍(生):

啦啦啦啦啦,　潘老师您好!

第二遍(师):

歌声轻轻飘,　同学们好!

第二遍(生):

啦啦啦啦啦,　潘老师您好!

复习歌曲《我们大家跳起来》

1. 全班完整演唱歌曲

歌曲来源于小步舞曲,小步舞曲在表演时十分优雅轻盈,因此我们也要像小步舞曲一样轻轻地、柔和地进行演唱。

2. 男女生合作演唱

第一遍:女同学演唱歌曲,男同学根据 3/4 拍强弱规律为女同学伴奏

第二遍:男同学演唱歌曲,女同学根据 3/4 拍强弱规律为男同学伴奏

合作学习

1. 律动

师:同学们,我们都知道 3/4 拍的强弱规律是“强、弱、弱”。请同学们相互讨论,除了拍手表示“强”、拍腿表示“弱”以外,我们还可以采用哪些形式表现 3/4 拍的强弱规律呢?

(1)请同学们前后四人共同讨论,教师进行观察引导。

(2)讨论后交流。

经过短时间的讨论,同学们想出了各种各样的方法:强(拍凳子)弱(拍肩);强(跺脚)弱(脚尖点地);强(同桌两两击掌心)弱(同桌两两拍掌背);强(拍手)弱(手指点鼻尖);强(拍凳子)弱(转动手腕)……

师总结:老师一个简单的问题,却引发了同学们无限的想象空间。同学们经过讨论得出了这么多有趣的答案,可见集体的智慧是不容小觑的。

(3)师生合作。

请同学们按照讨论的结果,与老师合作,为老师的演唱与钢琴进行律动伴奏。

> 说明：
>
> 这一环节中，在符合3/4拍强弱规律的前提下，同学们通过讨论、交流一同探索律动的多种方式，你一言我一语，开拓思维、集思广益，想出了各种适合表现3/4拍规律的律动形式。不仅感受了集体智慧的力量，更进一步地增进了学生对于3/4拍韵律以及歌曲整体韵律的把握。

2. 节奏创编

要求：以小组为单位，每组选择2—3件小乐器，为歌曲《我们大家跳起来》创编合适的打击乐。

（1）教师示范

a. 教师选取小铃与铃鼓两件乐器，请同学们判断它们分别适合演奏怎样的节奏型。

生：小铃的音色比较清脆，有延长音的效果，所以小铃适合敲打比较慢的节奏——附点二分音符；铃鼓的节奏比较短促，所以铃鼓适合敲打稍快的节奏——第一拍，击鼓；第二拍与第三拍摇动鼓身。

b. 教师按照学生的回答为歌曲进行伴奏。

老师演奏铃鼓，另请一位同学上来同时演奏小铃。

c. 学生对教师的表演进行点评。

（2）学生评价："乐器敲打的节奏和乐器的音色特点比较符合"；"同学的节奏敲打得十分准确"；"用小铃敲打附点二分音符，更加突出了歌曲3/4拍的强弱特点，使歌曲听上去更有动感了"。

（3）小组合作

说明：以小组为单位，共分四个小组。5分钟时间为歌曲创编适合的打击乐伴奏，分组上前表演，评价采取小组车轮评价，即第一小组表演由第二小组评价，依此类推。

a. 教师说明要求。

评价内容：演唱（10分）——能否用优美的音色、活泼的情绪有感情地演唱歌曲。

演奏（5分）——能否使用合适的乐器，按照歌曲的节奏准确地为歌曲伴奏。

创意（5分）——能否在表演时呈现美观的队形以及创编出独特的节奏型，使小组的表演与众不同。

合作(5分)——能否在小组讨论的过程中做到有序、谦让;组内成员是否都积极参与其中;能否在其他小组表演的时候做到仔细聆听、认真评价。

说明:

以上评价内容是教师在学生分组讨论前对学生们提出的目标与要求,其目的在于给予学生一定的目标,明确小组合作的任务与指向性,使同学们在参与小组合作的过程中更能有的放矢地进行合作学习。

---

b. 小组讨论

学生有5分钟时间进行讨论排练,在此过程中教师会在每组进行观察并给予适当的指导。

c. 小组表演

第一小组

选择乐器:沙球

小铃

队形:三角形,第一排为两名小乐手,后两排为小歌手。

评价(由第二小组点评):第一小组的同学唱得十分整齐,乐器的选择也很合适,但是演唱的时候表情不是非常好,但是整体还是不错的。

第二小组

选择乐器:铃鼓

小铃

队形:半圆形。

评价(由第三小组点评):第二小组同学唱得很有感情,乐器敲打的节奏也十分准确,节奏的编创也很有新意,缺点在于演唱的声音略微有点轻,如果能够再响亮一点就更好了。

第三小组

选择乐器:铃鼓

三角铁

队形:前三角、后半圆的包围式队形。

评价(由第四小组点评):第三小组同学的队形很别致,是我们前两个小组都没有的,很有创意。但是我们认为铃鼓的节奏过于复杂,所以演奏的时候速度容易跟不上唱歌的同学,我们认为铃鼓的速度可以更加慢一点,可以改成八分音符就更好了。

第四小组

选择乐器:沙球

三角铁 (第一声较强,后两声较弱)

队形:三角形。

评价(由第一小组点评):第四小组同学演唱的声音非常好听,音色明亮而且表情也很到位,他们用沙球连续不断地摇晃制造出了不同的效果。没想到第四小组的队形和我们是一样的,说明我们以后要在队形上多动动脑筋。

d. 总结打分

第一组:演唱8分;演奏4分;创意3分;合作5分。总计20分。

第二组:演唱9分;演奏5分;创意4分;合作4分。总计22分。

第三组:演唱7分;演奏4分;创意5分;合作5分。总计21分。

第四组:演唱9分;演奏5分;创意3分;合作4分。总计21分。

课堂小结

请同学们交流今天参与小组合作的感受。

生:我觉得和同学一起动脑筋,讨论怎么表演才能更精彩,很有意义。

生:其实我刚才也想演奏乐器,但是有同学先选择了乐器,那我就认真地参加唱歌的表演,因为老师说同学之间要相互谦让,我们可以轮流演奏乐器。

生:刚才讨论的时候我们都很认真,而且也很认真地观看了其他小组的表演,虽然我们获得了今天的最高分,但是其他同学的表演也很棒。

生:今天的小组活动我觉得很开心。

教师小结:今天老师看到同学们在合作表演的过程中,都尽力开动脑筋,争取更好地表现《我们大家跳起来》这首歌曲。从大家的表现中也可以看出,有的同学很积极;有的同学虽然胆子有点小,但是同样很认真地参与其中。第二小组今天得到了最高分,但是其他三小组的表现同样十分精彩。希望同学们在今后的课堂合作中能够取长补短,老师期待大家的表现。

四、小组合作学习评价

本堂课着重于"合作"二字,从问好歌中的师生合作,到律动部分的学生4人合作,再到最后歌表演中的10人左右的小组合作,合作难度逐步加深,合作人数逐步增加,合作内容逐步扩大,循序渐进,在课堂实践中获得了较好的实施效果。现就最后一环节10人左右小组合作学习进行评价。

(一)活动前明确目标与要求

四年级处于小学高年级阶段,学生认知能力、接受能力较之低年级都有显著的提高。但是对于小组如何合作,在开展前仍然需要老师给予明确的要求。因此,我在小组合作前设立了四个要求:

1. 演唱(10分)——能否用优美的音色、活泼的情绪有感情地演唱歌曲。

2. 演奏(5分)——能否使用合适的乐器,按照歌曲的节奏准确地为歌曲伴奏。

3. 创意(5分)——能否在表演时呈现美观的队形以及创编出独特的节奏型,使小组的表演与众不同。

4. 合作(5分)——能否在小组讨论的过程中做到有序、谦让;组内成员是否都积极参与其中;能否在其他小组表演的时候做到仔细聆听、认真评价。

在以往的教学中,我发现同学们往往更喜欢在表演中担任小乐手的角色,因而会产生在合作中与同学争抢乐器的行为。在本次小组合作中,我先提出对学生们的要求,尤其指出合作过程中要求谦让,从而避免了这一问题的产生,也使小组合作的开展较为有序成功。

（二）注重学生的体验

在小组合作中，以学生为主体，从乐器选择、队形编排、小组人员安排方面都让学生自主策划，将音乐课堂交到学生手中，教师充当引导者的角色，在学生们合作产生问题、困惑时给予适当的帮助。

（三）注重学生互相评价

本次小组合作的评价方式采取的是学生互评的方式。对于四年级的学生来说，他们虽然具有对同学进行简单评价的能力，但是要做到客观、具体仍然是有难度的。因此我在这节课中作了尝试。首先，由于活动前的目标明确，同学们在评价时按照老师提供的评价内容，分别从唱、奏、创、合作四个方面进行点评，较为具体全面。其次，同学们在评价时，起初多是看到其他小组缺点的一面，指出的都是错处与不足。作为老师的我认识到评价应以正面的、鼓励性的评价为主，才能使学生更具有学习的动力。经过指正与引导，同学们在这一方面取得了一定的改善。最后，本次合作评价采取的是车轮式的评价形式，细化到每个组，让每个同学都能够十分认真地欣赏他人的表演，这不仅是课堂纪律的体现，更是从小培养学生学会欣赏他人的有效手段。

总体来说，本次小组合作学习的有效性体现在以上三大方面。音乐学习习惯的培养、音乐审美能力的提升、音乐认知水平的提高并非一蹴而就，而是在经历一次次合作学习中日益提升的。有效的合作学习，不仅能够提高智力因素方面的音乐知识与技能，更是一种良好的学习习惯的培养。

（上海市汇师小学潘璐老师撰写）

案例 8：依据共性分组，组织合作学习

叙事文写法探究

一、小组合作学习内容

我身边的小人物——以写人为主的叙事文写法探究（基于沪教版高一语文下册第二单元学习）。

二、小组合作学习目标

1. 针对叙事文习作要求，小组成员之间互相交流，讨论总结小组成员习作内容、形式的共性特点；

2. 小组讨论总结小组每个成员习作的优点、亮点，对习作中存在的共性问题讨论修改意见，尝试给各自习作升格；

3. 发表对老师评语的看法（允许质疑），交流学习心得。

三、小组合作学习过程

（一）课前准备——分组：教师先对全班学生的习作进行初批，即只分类而不留任何批阅痕迹，然后结合以下三个分组依据，相对集中地将学生分为若干小组。分组依据是：(1)写的人物属于同一类型，如写父母的分为一组，写老师的分为另一组；(2)写作内容侧重点相对一致，如写人物对于生活、生命的态度的为一组；(3)习作存在相似相近的问题，如只写了人物表象，没有深入挖掘人物性格特点和思想品质，可以分为一组。课上先由老师宣布分组名单，然后学生自行调整座位，同一小组同学安排在一个课桌周围。成员任务分工有：每组选出小组发言人1名，完成小组学习记录1人，小组讨论发言若干。

（二）课堂教学指导过程：

1. 教师重申本次习作重点：以"我身边的小人物"为话题，通过描写、叙述表现平民小人物的性格、品质，写出他们身上人性的光辉、美好的品德；写出他们的平凡卑微甚至猥琐之处；写出他们对生活的向往与追求……

2. 布置小组成员阅读交流各自习作，完成对全部习作的浏览互批。具体任务是：标注和修改错别字、标点符号的误用、病句。拿不准的问题及时在小组中讨论完成。

3. 小组细读精批（继续旁批，总批）。具体步骤是：各小组学生对他人习作使用不同于习作颜色的笔划出优美语句。对文章优美的语句、段落进行点评；就文章的结构、过渡的语句、题目的设置、首尾的特点进行点评；批语力求规范简练，书写端正流畅。总批时先总评后具体点评，先优点后缺点。点评后要署上批改者姓名。最后，进行自评，即写出自己对本次作文的感觉，比如，在哪些方面有了认识，还有哪些困惑，希望得到怎样的帮助等等。

4. 小组交流，解决前两个流程中出现的问题；推荐小组中的好文章或好段落，总结本次作文的优劣得失；为修改升格做准备。

5. 教师巡视,参与小组批改意见,捕捉学生讨论中的优、缺点,及时发现讨论中生成的新的指导要点,做到心中有数,以备总结与讲评。

6. 教师根据写作思路,对所有作文进行归纳分析,采纳学生评改意见,各小组推荐并朗读分享好作文或习作精彩片断。

7. 分享修改意见,尝试给自己的作文升格(要求学生课后完成)。

8. 小组所有成员一一发言,一名成员完成《小组合作学习记录单》的填写。

以下为第二小组合作学习课堂交流实录(部分):

师:下面我们根据《小组合作学习记录单》内容,请各小组派代表交流本次小组合作学习要点,首先是针对习作要求做得较好的方面,哪一组先来?

第二小组发言人管雯瑶:我们一致认为,我们做得较好的方面是:1. 能通过对具体、典型事件和细节的描写、叙述,表现身边的平民小人物的性格、品质,写出他们身上人性的光辉、美好的品德,以及他们的卑微甚至平凡猥琐之处。他们承受着人生与家庭的重负,充满艰辛与无奈,但对生活满怀向往与追求。2. 行文有真情实感,有提升立意的思考。以组长戴晨婕的作文为例。她的《涨价奶奶》,选材视角独特,观察到了人物在平凡生活中不平凡的闪光点,语言细腻有韵味。

师:嗯,第二小组同学们可以说基本实现了我们本次写作练习的学习目标。能不能列举一下行文中的一些具体亮点?

组长戴晨婕:有,我们小组王一帆同学写的《车库门阿爷》,细节描写很传神,如写阿爷骑车时身体常常一左一右摇晃的动作非常逼真,我觉得这一定是他平时对身边的小人物注意观察的结果;而写"我"把车往车库一丢,拔腿就跑,却忘了拔车钥匙的动作细节,我觉得也非常真实,我想这大概是他平时骑车回家的习惯动作吧。

(众同学笑)

师:好,大家交流很认真。我们今天的小组学习还有一个目的,那就是通过小组交流,发现彼此习作中存在的共性问题,提出修改意见。关于这一点,你们小组有什么收获吗?

小组成员王一帆:经过讨论,我们一致认为,我们做得不够好的地方主要是:1. 段落层次不够鲜明,凸显人物性格品质的对话、对人物行为的议论等重点段落突出得不够;2. 对人物的生活现状、生存背景的思考分析不够。

第三组组长刘丽：我们小组也有第二点这个问题。

师：概括得好，能具体一些么？举例吧！

第二小组成员王一帆：比如说施怡婷同学的《公交车上的农民工》，她书写比较端正，但标点不够规范，对话没有单独分段，不够凸显人物个性，对"农民工"的形象和言行特点缺乏具体的描述。

师：是的，在高中阶段，我们对叙事文习作的要求，不能仅满足于把人物、事件交代清楚，而更应该通过语言表达的处理，突出人物的精神面貌，凸显人物形象，展示人物"这一个"的典型特征。

师：其他小组有要发言的吗？

第三小组组长刘丽：我们小组一致认为朱晨迪同学的《司机褚师傅》最符合"写身边的小人物"这一点，人物很真实，事件贴近我们学生的生活实际，值得我们借鉴。但我们一致认为还可以进一步升格，比如最后一段可以通过议论突出文章主题，以表现一个普通的出租车司机的存在价值在于他对于雇主生活依靠的重要性，由此提升立意，以小见大，思考小人物的大节操，平凡人生的不平凡意义。

师：好的，刘丽同学的发言也是我要向大家强调的。同学们要注意对自己记述的人物的处境、经历、命运有所关注，有所思考，从而上升到对时代、人生、社会的感知与认识。总之一句话，力求让自己的文章"有思想灵魂"（板书）。

第二小组组长戴晨婕：我想，这是不是就像杨绛先生的《老王》那样，通过对一个生活在社会底层的平民的命运观照，反思自己的行为，思考社会与个人命运的关系。

师：说得很对。所以，我们学《老王》，不仅了解了老王，还认识了那个时代，了解了一位高级知识分子的精神境界。

师：最后，我们每个同学都对本次学习的心得做一个总结发言吧！（以第二小组成员为例）

施怡婷：从小组互批中我学到了很多，首先是关于写作的，比如选材要恰当，多注重细节描写。有些是关于写作之外的，比如，要善于聆听他人意见，怎样更好地表达自己的想法。

王一帆：我曾一度追求华丽的辞藻，但这次互批让我看到，有时候，朴素的语言反而可以表达最真实的思想情感，比如白描就可以再现真实的细节，突出要表现的主旨。

朱晨迪：小组合作学习不仅有助于提高我的语文水平，而且当别的同学肯定我的作文能力、赞同我的写法观点时，也会感到更高兴，增长写作兴趣。

戴晨婕：读同学的文章对我来说，是得到了一面不错的镜子。不同的同学有不同的错，总有几处是和自己相似的。而把评语写在别人的作文后面，实际也是写在了自己的脑子里。在以后的写作中就能有意识地避免类似的错误。

师：很好，大家都能从这次习作练习的自我实际出发，各抒己见，我给大家集体点赞！今天的回家作业，希望大家认真阅读小组成员对自己文章的点评，并尝试修改升格，也欢迎同学们在课后质疑讨论，或者继续与老师交流修改想法。下课！

四、小组合作学习评价

小组学习过程中，教师重点观察组织者是否能有序掌控小组各成员完成学习任务的进程，以及课堂讨论的参与度情况。以优、良、中、需努力四个等第评价学生交流的表现。对记录员的评价标准是：书面记录表述正确，内容充分，且符合讨论主题。对发言代表的评价由小组成员当场评价，要求：思路清晰、表述简明、重点突出。

在本次学习结束前，由教师总结并公布对小组合作学习的评价结果。本次小组学习情况记入学期末学生语文学习素养综合评价。

正如学生在心得中说的那样，本次小组学习不同以往之处在于，教师事先对分组已有初步框架，但学生并不知情。通过学习过程中对彼此习作的分享，学生发现了被分到一组的原因，学生因此明白自己构思的初衷与老师眼中的好作文的差距，也开始进一步思考评价自己的作文，改进自己的写作方法。

本堂课的尝试告诉我们，作文评讲是学生能做、喜欢做且可以做得很好的一件事，教师完全可以放手让学生通过小组合作学习自主探究，自我提升。学生通过自评和点评同学的作文，能更客观、全面、清楚地发现自己作文的优劣，对提高学生叙事文写作水平起到了有效的促进作用。

（上海外国语大学嘉定实验高级中学高建红老师撰写）

案例9：依据表现差异，进行异质组合

一、小组合作学习内容

沪教版小学四年级语文下册《家乡的桥》

二、小组合作学习目标

1. 小组内人人参与，练习说话。

2. 展开想象，想象过户桥把两家人家连起来的场面，用几句话描述这个场景，把它说清楚、说生动。

3. 感受当时的水乡生活，体会作者对家乡深深的怀念之情。

三、小组合作学习过程

1. 确定合适的任务

分组学习，首先要确定学习任务，任务一定要有趣味性，而且难易适中，能够引导所有学生参与。在课文《家乡的桥》的教学中，开展分组学习的目的是要帮助学生理解《家乡的桥》中的一句——"最简单的是过户桥，一块长石板搁两端，把两户人家连起来"中的这个"连"字的内涵，引导学生去体会过户桥除了表面上连接起两户人家、成为邻里之间往来的道路之外，更深层连接的是邻里情，进一步体味作者的思乡之情。于是，在这个环节中，我抛给学生一个活动任务："文中关于过户桥的描述只有一句话——最简单的是过户桥，一块长石板搁两端，把两户人家连起来。这里的'连'是什么意思？仅仅是连的两户人家吗？到底连的是什么呢？下面，让我们分组展开想象，想象两户人家上演的生活场景。每个小组都要编一组发生在两户人家之间的生活场景，看谁编得生动有趣。"这个任务的抛出，吸引了学生的兴趣，且对于邻里生活场景的想象，有助于学生对作者情感的理解。

2. 进行有效的分组

围绕《家乡的桥》一课中的小组合作学习部分，我进行了课前分组，并在接下来的分组讨论中坚持几个原则：一是交叉搭配。小组中既要有男生，也要有女生；既要有善表达、能说会道的学生，也要有在口语表达上弱一些的孩子。不同程度的孩子，他们的经历是不一样的，思考问题

的方式也不一样,这样更容易确保小组内部的均衡性,促进讨论交流。二是规模适中。为了保证分组学习的效果,小组的规模也要适中。我将学生分为四个人一小组,既可以展开有效的讨论,又避免了人多杂乱的现象,确保了学习效果。三是分工明确。在分组的过程中,我给每个小组都进行了分工,每个小组设有组长——组长综合组员的意见进行汇报。我安排了口头表达弱一些、发言不那么踊跃的学生担任组长,给予他们机会去认真倾听,学习组内其他同学发言,同时激励他们大胆发言,能把别人的话复述下来。其余三位学生在说话练习时互帮互助,每个人都说一个场景,其他人在此基础上帮他说得更完整、更生动。这样的分组让每个同学都清楚自己的职责,一反往常小组合作中由组长带领组员按部就班的学习方式,而是由各小组成员积极合作,取长补短,带动落后生,有效展开讨论和交流,保证学习效果。

3. 给予积极的引导

在小组合作学习的过程中,我也对学生进行了积极的引导,不断在各小组巡视、倾听、纠正、提示。为了激发学生的灵感,我特地画了三个过户桥两端水乡人家生活的场景图,通过多媒体展示了这几幅图画:两个孩子站在过户桥上,与对面屋子里的孩子隔桥对话;一个老太太一手端着一碗热气腾腾的菜,一手招呼着隔桥对门的孩子;两个妇女在过户桥两边,隔桥聊家常。通过这些图片的形象展示,学生一下子对水乡人民的生活有了概念,对描述的场景也有了抓手。小组内的组员可以选择自己感兴趣的一幅图,来具体描述当时的场景。当然,我更鼓励学生能说一说老师提供的画面之外的生活场景。在分组学习的过程中,我特别提醒组内每个人都要大声发言,要让走到你身边的老师听到。同时,我也指导他们用准确、生动的语言编一个与过户桥相关的、发生在两户人家之间的生活场景。

如在指导其中一个四人小组时,我俯身倾听了一个学生的交流。只见他看着第二幅图,张嘴就说道:"一个阿婆端着一碗热气腾腾的红烧肉招呼桥对门的孩子,'过来一起吃呢!'"这是许多学生容易犯的通病,在描述水乡人家生活场景时只是简单概括了场景,没有进行具体的描述,使得场面寥寥几笔,缺乏生动性。听到这儿,我轻轻地提醒道:"一个阿婆、一个孩子,这样的称呼多生疏呀! 给他们取个名字,你会怎样亲切地称呼他们呀?"这时,同桌的学生立即接口道:"李阿婆和明明好了! 我小名就叫'明明',我外婆姓'李'。嘻嘻……""反应真够快的!"我立刻给他竖了个大拇指,"有了名字,现在李阿婆和明明会说些什么呢? 他们在说话的时候,还会做什么动作? 注意把图上两个人的动作得看仔细哦!"小组一下子陷入了沉思。没多久,另一个学生就想到了:"李阿婆手里端着一碗热气腾腾的红烧肉,从窗口里探出身子来,对明明喊着,

'明明，我今天做了你最喜欢的红烧肉，快过来尝尝吧！'"我当即就给予了他赞赏，并鼓励组内其他同学顺着他说的往下讲："明明可是个小馋猫啊，他一听到有红烧肉吃，会怎么样？""明明一听见有红烧肉吃，立刻高兴地跳了起来，说，'太棒了，我马上就来！'"一个女生根据我的提示接口道。"情景说到这，可别忘了最重要的过户桥。有了过户桥可方便啦，穿过过户桥就能到阿婆家吃红烧肉了！"学生在描述具体情景时不免会遗忘过户桥的作用，此时，我抓住机会，及时地进行指正和提醒。学生们心领神会，七嘴八舌地补充着："明明急急忙忙地穿过过户桥，跑去李阿婆家吃香喷喷的红烧肉了！""是呀，你看，红烧肉看上去可真诱人，叫人垂涎欲滴。我也想吃上一块呢！"看着他们眉飞色舞的表情，听着他们越发生动起来的语言，我知道他们已经很好地完成了小组合作的任务。最后，我指导组长组织组员再连起来一人说一句，把这个情景说完整。

在另一个小组的交流中，我则及时地指出了他们存在的问题。组长汇报了他们组创编的情景："小明和小红来到过户桥上，对着小妞妞家的窗子叫喊道，'妞妞，别做作业了，我们一起去游乐园玩吧！'妞妞一听，就放下自己的作业，出去和小伙伴玩了。"这一小组说的情景看似表现了邻里之间的小伙伴平日的生活和他们的友情，但仔细一琢磨，缺少一点江南水乡人民的当地生活的味道，过于现代化。不过这也毫不奇怪，毕竟水乡孩子的生活对于现今的孩子来说陌生而遥远。于是，我指着课文的最后第二节的一句话——"整个炎热的夏天，我们在桥头下棋猜谜讲故事；我们把桥当作跳水台，比跳水本领，练胆量；我们在桥边钓鱼摸螺蛳，碰得巧，还能从桥洞里捉到一对毛蟹呢！实在玩累了，荡一条小船进桥洞，舒展四肢平躺着，那凉丝丝的风，轻轻荡漾的水波，转眼就把你送入梦乡……"，请组内学生读读，并联系着想象水乡孩子的生活。几个学生不仅意识到了自己的问题，还不禁对水乡孩子那悠闲自在的生活产生了羡慕。此时，我又立刻引导他们深入理解"连"："只要穿过过户桥，就能和对门的小伙伴出去玩啦！你们看，过户桥把他们的生活都连了起来！"……

这一段小组合作的过程，我给足了时间，让学生在小组内充分地交流、讨论。学生们发挥想象力，编出了许多发生在过户桥两端的生动有趣的生活场景：

"妞妞，你在家吗？"明明和红红手拉着手，一起来到过户桥上，他们对着对面敞开的窗子，喊了起来。下一刻，妞妞的身影就出现在窗子边："我在家呢，有事吗？""我们一起去桥边钓鱼摸螺蛳，你去不去啊？"小伙伴们笑眯眯地问道。"好啊，好啊，我马上来！"妞妞一听，迫不及待地出了家门，穿过过户桥，就和小伙伴们一起去玩了……

"明明，我今天又烧了你最喜欢的红烧肉，要不要过来尝尝呀！"桥对门的李阿婆端着一碗刚做好的红烧肉从窗户口探出身子来。明明一听，立刻跳起来："太好了，我马上来！"他急急忙忙穿过过户桥。呀！阿婆手上的红烧肉香味可真诱人，馋得他垂涎欲滴。明明一路小跑，去阿婆家品尝那美味的红烧肉了！

"李阿姨，你能教我织一朵花吗？有了这朵花这件毛衣就更好看了。"张阿姨打开窗子，对坐在过户桥边悠闲地织着毛衣的李阿姨说道。"好啊，你过来吧，我来教你！"李阿姨笑眯眯地一口答应了。瞧，张阿姨拿着针线，穿过了过户桥，正和李阿姨坐在板凳上学织毛线呢……

在组长汇报的过程中，我允许组员及时对其作出提醒和帮忙，以求把水乡人民的生活场景编得更具体、生动。听完每个小组的汇报，我顺势引导学生："同学们，现在你们明白了吧？桥连的是什么呀，还仅仅是两户人家吗？对，连接的是邻居之间的情谊呀！"通过这次小组合作的讨论、交流，真正让学生认识到了过户桥在作者心中的含义，明白了过户桥所代表的精神寄托。

4. 做出全面的评价

分组教学一定要有始有终，不仅要有妥善的组织，积极的引导，同时还要进行全面的评价。这里的"全面"有两层含义，一是评价的内容要全面，要包括分组学习的过程组织、结果满意度，学生表现出的积极性、纪律性等；二是评价的主体要全面，学生要有评价，小组要有评价，老师也要有评价。在分组学习完之后，我在当天利用课余时间，让学生对此次活动进行了自我评价。许多学生表示很喜欢这种学习方式，每个人都能有机会锻炼自己，开了口练习说话。也有一些学生认识到自己在活动中还是不善于表达自己的想法，还需要更多的练习机会。然后，我又鼓励小组之间进行了互评。各小组之间能客观、中肯地指出对方的长处和不足：比如有的小组编的故事很生动，但是不切合实际，不符合水乡人民当地的生活，与当时的环境格格不入；有的小组故事的情节、内容不错，但是在讲述的时候语言不够生动，讲得磕磕绊绊；还有的小组想象力不够丰富，描述的场面不够生动、有趣，人物的语言比较苍白等。通过互评，各小组之间实现了相互学习，在评价中也再一次进行了口语训练。最后，我对每个小组的学习进行了评价，从发言积极性、表达能力等方面对某些表现比较突出的学生进行了表扬，并对没有受到表扬的学生进行了鼓励。通过全面的评价，肯定了学生的优点，又让学生认识到了不足。

四、小组合作学习评价

此次小组合作学习激发了学生们的学习兴趣，促进了学生之间的交流，更是帮助学生真正理解了一座过户桥的背后所蕴含的浓浓的邻里情，促使其进一步体会作者对家乡的深深怀念之情。此外,通过分组学习,又锻炼了学生的口语表达能力和分工协作能力。在这次合作学习之后,我给同学们布置了一道练笔:"根据图画展开想象,选择其中一幅用几句话描述水乡人们的生活场景(可以描写人物加上语言、动作、神态)。"要求他们把课堂中描述的场景描绘记录下来。想象力丰富、会写的学生可以写还会出现的场面,或者把交流过的场景用语言、动作、心理活动再丰富起来;而对那些写作有困难的同学,课上的讨论和交流则是他们的依据,让他们也能顺利地进行想象写话了。

(上海市汇师小学吴怡斐老师撰写)

案例10: 发挥各自特长,组内交替引领

穿鞋带和系鞋带——这是每一个人每一天都必须经历的一件琐事。

这件看似不起眼的生活琐事,如果换一种心态去对待,却能够创造出不同寻常的审美趣味。

作为一名普通中学的美术老师,曾无意中在一家个性帆布鞋店中看到了各种各样富有美感的且不同于日常的鞋带穿法,便突发奇想,预备借此题材设计一个几课时的小单元课程,来培养一下中学生在日常生活中创造美的心态。

单元课程名为《图说鞋带穿法》,实施对象为六年级中学生。最终目的是想借助小组合作学习的教学方式,引导学生自主创造出一些新颖的鞋带穿法并以图示化说明书的形式(手绘说明书)呈现出来。

单元课程分为3个课时。第1课时在任何知识点都不讲解的情况下,要求每个学生将自己鞋子上的鞋带穿法用图示的形式进行说明,采用了一种随机进入式的教学。学生作业暂时留存,以备与最终作业比对之用。第2课时是整个课程的核心课时,借助小组合作学习的教学方式,组织学生分小组讨论并创制不同于日常的鞋带穿法,以及合作研究如何通过图示的形式将其准确呈现。第3课时为展示、验证与修整作业阶段。

本案例将以第2课时为叙述核心,向读者呈现我是如何借助小组合作学习的教学方式,来引导学生完成自主创作的。

一、小组合作学习内容

本单元课程的第2课时主要想解决两个问题，一个是引导学生创制出新颖的鞋带穿法，另一个是引导学生将这种穿法以平面图示的形式（手绘说明书）加以清晰呈现，以期培养学生的视觉表达能力。

我认为，传统的教学模式不太利于这种开放式的课堂内容，因此，我想到了依托于建构主义教学理论的小组合作学习模式。国内知名学者何克抗在《建构主义——革新传统教学的理论基础》一文中就论道："以学生为中心，在整个教学过程中由教师起组织者、指导者、帮助者和促进者的作用，利用情境、协作、会话等学习环境要素充分发挥学生的主动性、积极性和首创精神，最终达到使学生有效地实现对当前所学知识的意义建构的目的。"[1]

基于以上，我准备在课堂上通过分组合作的形式发挥群体的积极功能，提高个体的学习动力和能力，并引导学生对这两个问题展开自主的讨论与研究。

二、小组合作学习目标

第2课时小组合作学习目标设定如下：

1. 通过小组讨论与实践，创制出有别于日常的、新颖的鞋带穿法。

2. 通过小组讨论，总结一份好的手绘说明书需要具备的要素。

3. 依据小组的讨论结果，分工合作，将本组创制的鞋带穿法用手绘说明书的形式呈现出来。

三、小组合作学习过程

分组（5分钟）

大家都知道，说明书应该具备简单易懂、逻辑合理的特征，如果是图示，还需绘制准确、传情达意。要最终完成这些要求，需要团队成员能力结构合理，例如有人会画，有人会写，有人善于换位思考等。而让学生自由组合的话，很容易出现部分小组人员能力过强，而部分小组又能力偏弱，最终导致不均衡的现象。

于是，我适当地做了一些微小的介入，事先挑选出班级中绘画能力较强与文案能力较强的学生各4名，两两搭配作为正副组长，并由他们轮流依次选择组员，直到班级中的所有学生都有归属为止。这有点像NBA的新人选秀，在气氛活跃的同时还考验了这几位同学的人员协调策略和随机应变的能力，充分激发学生的能动性。限时分组的过程虽然时间很短，但气氛热烈而紧张,非常有趣。

分组创制鞋带穿法(15分钟)

分组完成后,我向学生提出了一个他们似乎从没有考虑过,但又每天都在经历的问题——创制一种全新的鞋带穿法。

在参考性地展示了几种已有的鞋带创意穿法之后,我要求学生用事先自己准备好的鞋带来创造属于自己的鞋带穿法。

学生们以小组为单位,充分发挥了自主、合作和研究的能力,把鞋带穿了又拆,拆了又穿,兴趣盎然,合作密切,讨论也非常热烈。有用单根鞋带的,也有用双根鞋带的,创造出了多种别出心裁的个性鞋带穿法。

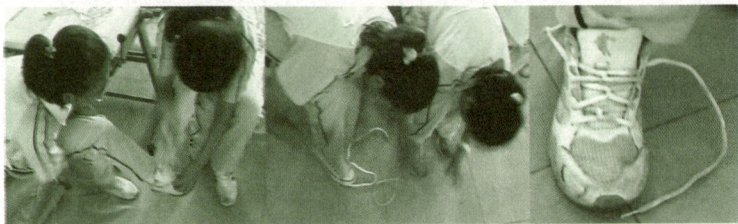

讨论手绘说明书的要素(5分钟)

当进行到这一环节时,我提出了下一步的目标,要求小组成员将自己创制的鞋带穿法以清晰的手绘说明书的形式呈现出来,并要最终让其他小组成员能够按照这份说明书实际掌握这种穿法。

同时,我再次下发了学生们第1课时自己绘制的图示作业。

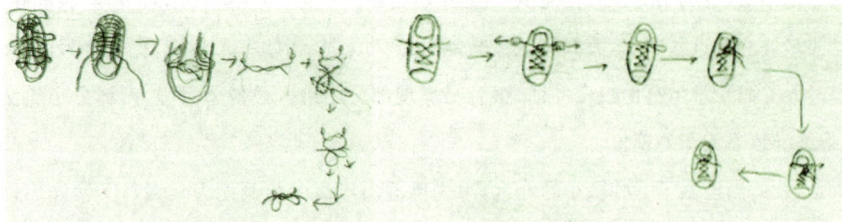

由于学生们刚刚亲身经历了创造的过程,都深有体会,看着自己第1课时的作业,都眉头紧蹙,深感不知所云。首先,大部分作业没有所谓"图解"的概念,用了单幅图片的形式来说明问

题,只有少数学生用了分步图来说明问题。其次,在鞋带的描绘上,很多学生都采用了单线条的表现形式来绘制,根本无法体现鞋带上下穿插的空间感。

借此,我抛出问题:"那么现在,你们觉得一份清晰的手绘说明书应该具备哪些优点呢?"

心中有所体会的学生们分组展开了讨论。有了先前的实际体验,他们集思广益,互相补充,并在教师的参与和引导之下总结出了以下几点。

(1)逻辑要清晰,要有分布图解的排版形式。

(2)图示要准确,鞋带要用双线条来精确表达上下的关系。

(3)部分难度较高的步骤中鞋带的方向性趋势可以借助矢量箭头加以标注。

我充分肯定了学生们讨论的结果,并叮嘱学生要在下一步环节——实际绘制说明书线稿的过程中贯彻这些要素。

学生们跃跃欲试。

合作绘制手绘说明书的线稿(15分钟)

由于学生经历了先前的自主建构过程,体验了创造个性鞋带穿法的整体步骤,都胸有成竹,基本没有出现无从入手的现象,各个小组很快地投入了创作过程之中。

先前的介入性分组也渐渐呈现了一定的作用,善于文案的学生在组员的共同建议之下很快就搭建出了一个小型分步脚本;空间想象能力强、善于绘画的学生便开始着手绘制铅笔稿草图;过程中,其他组员则按照脚本,一步步地将穿鞋带步骤以实体呈现出来,便于绘制成员观察参考。同时大家集思广益,提出如何能使图示更加准确的各种建议,使本组的草图能够更加准确与美观,俨然一个高效的组织团队。

在这一过程中,教师其实根本没有统一地传授过任何美术语言上的要点,大部分的知识,例如"分步图示"、"鞋带上下关系"、"方向性趋势线"等,都是学生在小组合作学习的过程中自行构建出来的。原因就在于这是他们自己亲手创造出来的鞋带穿法,同时又是自己亲身反复实践和体验过的经验获得,是完完全全由自己通过合作和研究建构出来的知识经验。

其实,第3课时的展示、验证与修整作业过程是非常有趣的。四个小组互相交换自己的手绘说明书草图,并依据草图学习该种鞋带的穿法,同时在实践中总结优点与不足并互相反馈,从而修整、完善自己小组的手绘说明书并上色成型。

学生们看着最终的合作成果,再与第1课时的作业进行比对,自己都不敢相信改变如此巨大。

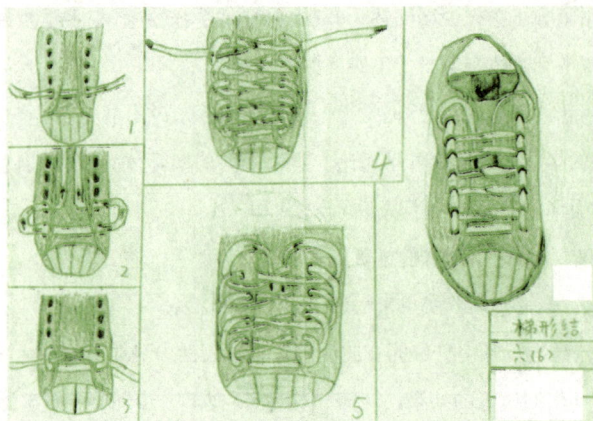

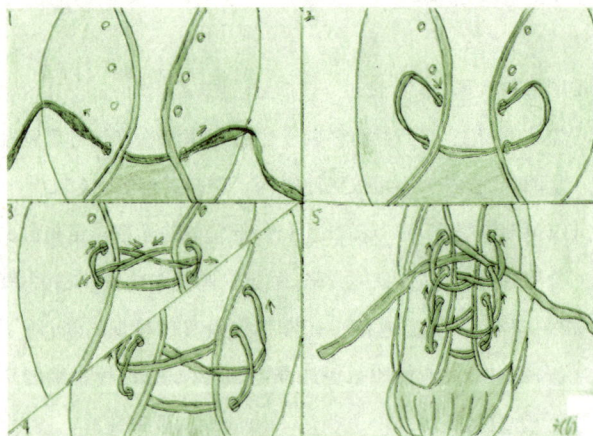

四、小组合作学习评价

课程结束后，我将第 1 课时学生的作业和第 3 课时学生的作业一起发还给学生，让学生自己体会学前与学后产生的变化。很多学生不禁惊讶于呈现出的巨大反差。我此时再告诉学生，其实，绘画有时并不难，画不好则在于大家的思维方式没有产生变化。我们有没有像讲话一样，为了要让别人明白自己的思想而努力组织自己的语言表达，从而顺畅地、完整地表达出内心所想。同样，绘画时也要用这种思维，为了要让别人明白自己所要表达的意思，而努力组织自己的画面元素和空间关系，从而清晰地绘制出各种图像。

其实，这就是通过小组合作学习之后而共同提升了的"视觉表达能力"。

此次探索带给我的快乐也是莫大的，小组合作学习——这种潜力巨大的学习模式在此次教学探索中发挥了巨大的功效，它一直以其特有的魅力在无形中牵引着教师与学生共同前进。

1. 小组合作学习充分调动了学生的独立思维能力

每个学生在学习小组中都是一个独立的个体，而且在一定程度上是脱离教师的统一辅导与束缚的，因此很大程度上激发了他们的独立思维能力。

2. 小组合作学习充分锻炼了学生的合作交流能力

既然是合作学习，就非常突出"合作"两字。在整个创作过程中，组员们各司其职，最大化地发挥自己的长处，有的撰写文案脚本，有的绘制线稿，有的创制鞋带穿法，并且在实际绘制过程中共同出谋划策，集思广益，去芜存菁。过程中，难免会发生一些意见不合与摩擦的情况，这就要求学生学会如何去更合理地表达自己的思想与包容他人的想法，不论结果如何，都将使他们获得一种现代的多元文化心态的体验。

3. 小组合作学习充分强化了学生的知识建构能力

从本案例的实施过程中，我充分体会到了学生的潜力是巨大的。只要组织形式适当，某种程度上教师其实无需统一灌输知识点，放开手之后，学生在小组合作的过程中边做边学，经由知识结构的不平衡——自组织——知识结构的平衡这一螺旋上升的过程，完全可以自行建构出完成目标所需的知识体系。这种通过自行建构而成的知识结构比教师统一传授来得更为深切与牢固，充分体现了"做中学"的理念。

看着学生们共同完成的手绘说明书，我不断玩味与品鉴，从任何一个角度看，都已经是一张兼具实用性与观赏性的艺术作品。

在体会过了小组合作学习的巨大潜力之后，我又采用相同的模式摸索着开展了几次教学探索，均获得了不小的收获，例如下图所呈现的作业——《图说番茄炒蛋》。

不知身为读者的您是否被这些学生作品所惊艳到呢。

（上海市天山初级中学何晓俊老师撰写）

参考文献

[1] 何克抗.建构主义——革新传统教学的理论基础(一)[J].学科教育,1998,3,29—31.

案例11：优势互补成组，互评互帮互学

作文教学中常遇到这样的无奈：尽管题目已十分贴近学生生活，教师指导也已面面俱到，但学生仍觉得无事可述、无情可抒，下笔艰难。一谈及写作文，学生就晕；一想到改作文，老师就愁。学生搜肠刮肚找词语拼凑文章来应付老师的批阅，而对于老师辛辛苦苦的点滴批注，学生未必仔细阅读。

作文课该怎样启发学生的思维，学生习作怎样改才高效，一直是困扰我教学的难题。针对这一情况，我在作文教学中尝试构建并操作合作学习小组，通过改变传统的学习方式，充分调动学生写作的内在动力，形成互帮互助、取长补短的良性学习机制，让作文教学落到实处，发挥实效。

一、小组合作学习内容

作文写作及评议《我的老师》

二、小组合作学习目标：

1. 通过小组合作的力量指导写作。

2. 通过小组评议理解人物描写的技法。

3. 让学生在具体的小组合作过程中感受合作学习的乐趣和益处。

三、小组合作学习过程

1. 写作前各小组商议

通过组员商议"写什么？"、"怎么写？"以调动学生的写作激情。学生们很兴奋，很激动，都热

烈地讨论。要求要写大家都很熟悉的很有话说的那一个人。大家都很期待不同的人创作出的不同的特色。

2. 安静习作,全力以赴

组内共进,组组竞争;用情抒写,必成佳作。

学生们心里一致的想法是:希望,自己的作品能得到小组成员们的好评价;期待,自己的创作能为组争光。因为作文会被组员评议,所以自觉严格要求书写,并在语言、谋篇布局上下工夫。从已完成的作文来看,此次作文全齐,而且书写更规范、卷面更整洁。

3. 组内品读评议

组员共同评议"哪篇好?"、"好在哪?"。

学生们阅读他人作品的过程比我想象的认真,评议过程也比我想象的积极。同龄人很有话说,真诚地、直言不讳地,模仿老师评作文的方法,评议范围涉及中心事件、开头、结尾、细节描写、议论升华等。

4. 组内评选

评选一号作文、二号作文、三号作文、四号作文。从最终结果来看,学生是很质朴认真的,他们极客观、真诚地进行评议,甚至都胜过老师的认真程度,有观点、有理由,是真诚的欣赏和细心的帮助。

因为有这么良好的合作评议氛围,所以作品不论最终被评为哪一类,学生们都能做到"胜不骄,败不馁",最强烈的感受是学有所获。

5. 分组推荐一号作文

先小组评议,组员力荐,谈推荐理由;然后由作者读全文;最后全班评议。

下面以第13组为例,向大家介绍评议一号作文的情况。

一号作文的作者是曲星宇。作文片段:

只见孙老师的眼睛像探照灯一般,寻找下一个目标,一旦发现,必将"狂轰滥炸"。这不,有一颗"炮弹"不偏不倚落在了我身上,"曲星宇,上来讲一讲这道题。"孙老师正用能看透一切的眼睛望着我,我赶忙拿起本子,上前应战。这时,我的大脑飞快地运作着:这道题该怎么做?过程该怎么讲?这题挖陷阱了吗?

组员们极力推优的理由如下：

组员张婕评价：语言轻松，叙事流畅。

组员陈阳评价：语言新颖，凸显人物形象。

组员杨姝琳评价：以学生的视角，展现老师的教学风采，生动有趣又饱含情意。

当天的日记里大家都谈到了这件事，作者曲星宇日记片段：

老师让我上台读作文，后排的同学都能很明显地看出我的手剧烈地抖动，差点作文本就掉了。

当我读完作文时，台下掌声雷动，我笑了，不只是因为写得好而高兴，还有自嘲自己刚刚的不自信。

下课后，有人问我灵感是从哪里来的，我说："团结力量大！"

组员陈阳日记片段：

今天，十分的不一样！不是因为今天"四月飞雪"，不是因为明天就是周末，而是因为今天是作文小组互评作文的日子。

这次写作文，我们组一致同意对德高望重的孙老师"下手"，也许是太过紧张了吧，大家都坐不住椅子了。

可是，真正开始评改作文时，气氛和我们想的就完全不一样了。同学们边笑边看，之前的紧张感被笑声一扫而空，教室里变成了一片欢乐的海洋。

我们组最好的作文出自一位默默无闻的同学之手，他上台读了作文，得到了大家的掌声，我真心为他高兴。

团结的力量就是这样强大，希望下次我的作文也能是佳作。

6. 分组谈论四号作文

下面以第 13 组为例，向大家介绍评议四号作文的情况。

关于四号作文，组员齐心，谈改进策略。

组员张婕评价：中心不够突出，具体事件不够细腻。

组员陈阳评价：全文思路不清晰。

组员曲星宇评价：书写不规范，太多连笔字。

四号作文作者的日记片段：

> 今天我们小组评改作文，流程真的很有趣。
>
> 先是互读，每个人都将组里的作文读一遍。这个过程真的非常享受，我能欣赏到整个小组中每个人不同的写作风格，它们有的质朴、有的生动、有的写往事、有的写当下……阅读时，我仿佛真的进入了他们的精神世界。
>
> 读张婕的作文时，我看到了大量的精彩描写，她用女生特有的细腻视角写出了老师的特点；陈阳用了大量的外貌描写，把人物形象都刻画得栩栩如生。
>
> 我最欣赏的还是曲星宇的作文，他的视角很独特，语言很新颖，刚开始读就吸引了我的视线。我们组里的人都为他的好作文感到开心。
>
> 看看自己的作文，连基本的中心事件都不突出。身为组长，我真是无地自容。
>
> 希望通过认真领会组员们给我的建议，提高作文水平，加油吧！

四、小组合作学习评价

作文学习小组能充分调动学生写作的内在激情，并且能针对学生不同的写作特点进行具体指导，充分利用小组学习互帮互助的有利条件，有针对性地为每一名学生扫清习作过程中的障碍，让每个学生都能看到自己的点滴进步，写作能力得到了实实在在的提高。

在小组之间展开佳作评比的竞争，也大大地调动了学习完成习作的积极性，教师则退居幕后，也是受益人。

全新的学习方式，全新的精神面貌。尝试在作文教学中运用小组合作学习的方式，我和学生都尝到了甜头。

关于作文学习小组的构建和实施，我的尝试还是比较肤浅的，在今后的具体操作过程中还要逐步完善，在已有经验的基础上，追求作文教学更大的进步。

（新疆乌鲁木齐市第三中学冯艳老师撰写）

案例12：尝试多轮分组，促进自主体验

一、小组合作学习内容

上海牛津版小学英语三年级下册 M3U3 Seasons

二、小组合作学习目标

1. 学生能通过本课学习，能用 We have ...（s）表达穿戴服饰，能用 We can ... 表达参与某活动，能用 We can go to ... 表达去哪些地方等。

2. 学生能在小组成员的合作帮助下，完成介绍 my favourite season 的任务。

3. 学生在完成任务的过程中学习如何与他人协调与合作。

三、小组合作学习设计

（一）准备阶段创设条件

1. 在正式上课前，进行异质分组。4 人一组，把 40 名学生分成 10 小组，并指定小组内英语能力强的一名学生为组长。

所谓异质分组，即在纸上先将班级学生的英语学习能力大致划分为四大组，学习能力强、学习能力中上、学习能力中下和学习能力弱，每个大组 10 位学生。然后每次从每个大组挑选一名学生，即 1 位学习能力强的学生，2 位学习能力中等的学生，1 位学习能力弱的学生，组成合作学习小组。（见表1）

表 1

能力强的学生	1	2	3	4	5	6	7	8	9	10
能力中上的学生	11	12	13	14	15	16	17	18	19	20
能力中下的学生	21	22	23	24	25	26	27	28	29	30
能力弱的学生	31	32	33	34	35	36	37	38	39	40
小组	一	二	三	四	五	六	七	八	九	十

2. 组长明确自己的职责：分发材料，提醒帮助组员完成 post-task。

(二) 课堂合作学习实施阶段

1. 学生进入本课 pre-task 环节、while-task 环节学习。每位学生在遵守纪律和积极参与课堂思考回答方面为自己小组争取加分。

最后学生进入 post-task 环节，将所学的本课的语句在此环节进行综合运用。

2. 首先教师介绍 post-task 最终成果展现是由学生来介绍 my favourite season。

教师介绍完成整个任务需要学生实施的步骤，并配以图示来帮助学生记忆理解。

5 Steps：

Step 1：Choose。即每个小组讨论选择一个喜欢的季节，并选择一个季节提示牌放置在小组桌上。

Step 2：Choose mini task。根据每个小组桌上的 mind map，小组中每位组员选择负责一个部分的信息收集，例如天气特点、服装特点、适合去的地方、适合该季节的活动四部分内容之一。（见图 1）

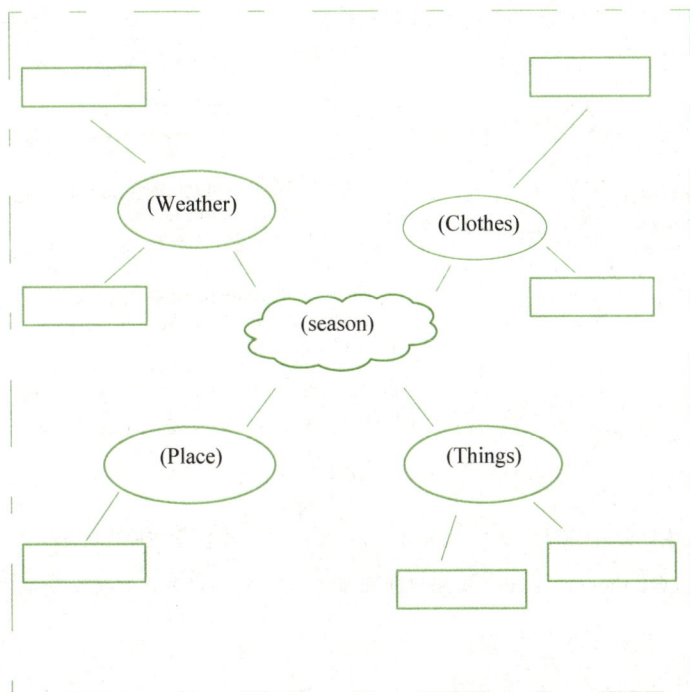

图 1

教师在此过程中，给每个小组换上新的提示牌，如：天气特点、服装特点、适合去的地方、适合该季节的活动，每个桌上还提供一张关于四季天气特点，或服装特点，或适合去的地方，或适合该季节的活动的小语段。

Step 3：Read and remember。即新组成的小组的每个成员将会得到一份关于季节的小语篇材料，小组成员要相互帮助读通、读懂语篇，然后带着之前未分组前负责的 mini task，从语篇中找到相关内容，并识记大意把信息带回各自原先的小组。（见图 2）

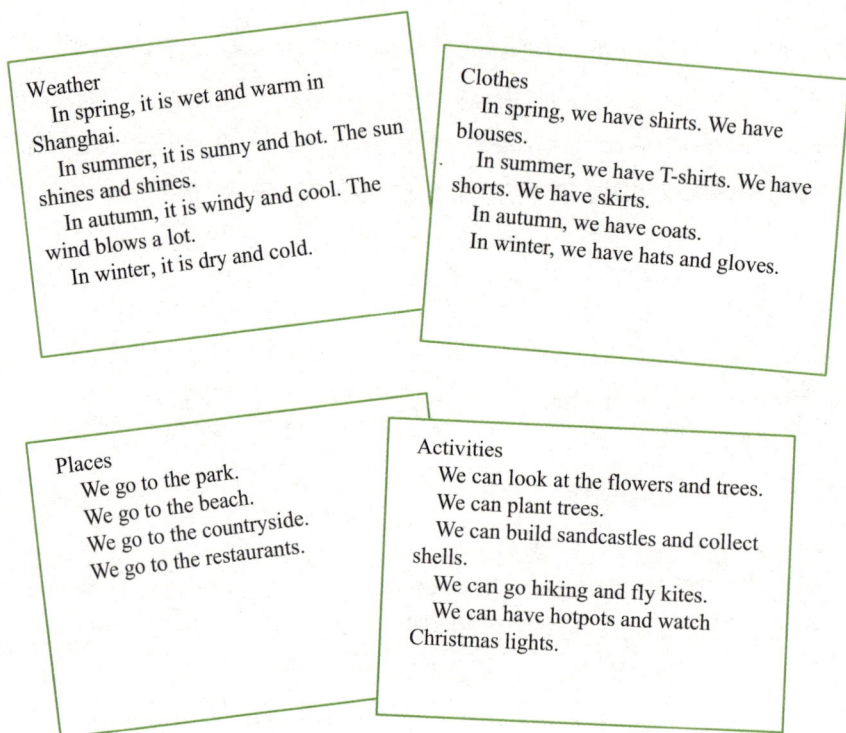

Weather
　　In spring, it is wet and warm in Shanghai.
　　In summer, it is sunny and hot. The sun shines and shines.
　　In autumn, it is windy and cool. The wind blows a lot.
　　In winter, it is dry and cold.

Clothes
　　In spring, we have shirts. We have blouses.
　　In summer, we have T-shirts. We have shorts. We have skirts.
　　In autumn, we have coats.
　　In winter, we have hats and gloves.

Places
　　We go to the park.
　　We go to the beach.
　　We go to the countryside.
　　We go to the restaurants.

Activities
　　We can look at the flowers and trees.
　　We can plant trees.
　　We can build sandcastles and collect shells.
　　We can go hiking and fly kites.
　　We can have hotpots and watch Christmas lights.

图 2

教师给学生 3 分钟时间完成 Read and remember，然后重新摆放原先的季节提示牌。

Step 4：Finish the mind map。即组员回到原先小组，将各自负责的部分告诉组内其他成员，大家合作完成某一季节的 mind map。

第三小组的 mind map。（见图 3）

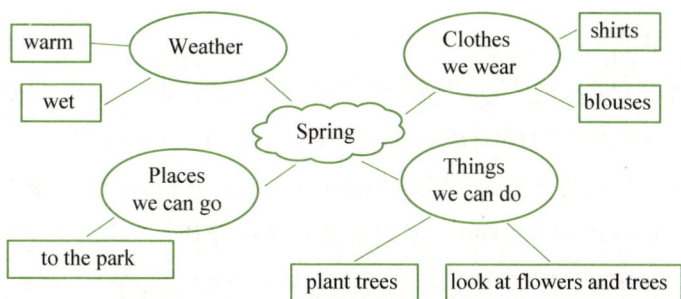

图 3

Step 5：Introduce the favourite season。即组员推选一位代表，或者组员共同参与，在全班面前介绍 my favourite season。

例如：第三小组选择采用四位组员合作的方式进行 my favourite season 的介绍，每位组员根据自己在 mini task 里负责的内容完成介绍。（见图 4）

My Favourite Season

S1，S2，S3，S4：My favourite season is spring.
S1：   In spring, it's warm and wet.
S2：   We have shirts and blouses.
S3：   We can go to the park.
S4：   We can look at the flowers and trees. We can plant trees in the park too.
S1，S2，S3，S4：We have a lot of fun in spring. What a beautiful season！

图 4

3. 教师对小组合作学习过程给予评价，给 post-task 表现最佳小组加分。每位学生也可以对小组成员包括自己评价。例如：

表 2

评价项目	自评 ☺ ☺ ☹	互评 ☺ ☺ ☹
1. 在小组合作时说话音量适中。		
2. 大部分时间或者所有时间都使用英语表达。		
3. 按要求完成个人负责内容。		
4. 成功解决矛盾或者未产生矛盾。		
5. 成功完成小组任务。		

最后根据 5 个评价项目给各小组评价。因为第三小组在整个任务完成过程中组员的成功合作以及最终介绍时每位组员的自信表现，获得了 5 个笑脸的好评。

四、小组合作学习评价

本案例主要呈现的是 post-task 环节的小组合作学习实施过程。

小组合作学习是在班级授课制背景上的一种教学方式，即在承认课堂教学为基本教学组织形式的前提下，教师以学生学习小组为重要的推动力，通过指导小组成员展开合作，发挥群体的积极功能，提高个体的学习动力和能力，达到完成特定的教学任务的目的。这种方式改变了教师垄断整体课堂的信息源而学生处于被动地位的局面，从而激发了学生的主动性、创造性。

小组合作学习（cooperative learning）兴起于 20 世纪 70 年代初的美国，目前发展得较为成熟的合作学习的教学策略主要有共学式（learning together，LT）、小组成绩分工法（Student Team Achievement Division，STAD）、切块拼接法（Jigsaw），以及小组—游戏—竞赛法（Teams-Games-Tournaments，TGT）等。本案例设计根据 post-task 的任务，采用的是基于切块拼接法策略的小组合作学习。

学生根据各自喜欢的季节先进行分组。然后根据最终任务的所需信息，带着 mini task 重新组成临时任务小组进行学习和信息提取。在此信息提取过程中，临时任务小组可以互相帮助，比如不会读的词句可以求助于组员，不清楚含义的词句可以求助于组员等。之后学生"再次形成"任务小组，即返回原先的小组。每位组员将各自获得的信息分享于整个小组，完成 mind map。最后大家根据"拼合而成"的 mind map 进行 my favourite season 的介绍。任务完成后学生对于自己及组员在整堂课的小组合作学习中的表现给予评价，老师也会根据在整堂课中各个小组的表现给予评价，最后得出各小组的得分。（见图 5）

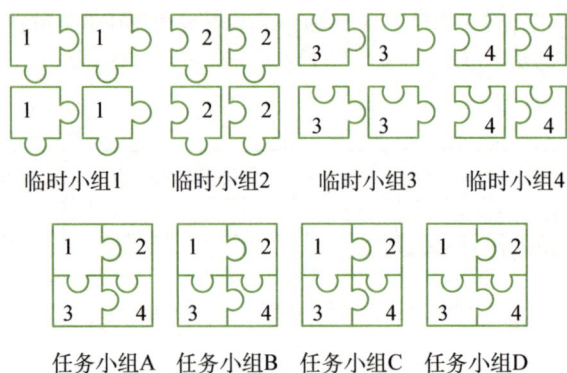

临时小组1　　临时小组2　　临时小组3　　临时小组4

任务小组A　任务小组B　任务小组C　任务小组D

图 5

小组合作学习分担了学生的学习压力,同时也容易发生一些学生不参与完成任务的情况,从而导致学生无法得到能力的提升。而采用切块拼接法策略让小组内所有学生都有各自的任务(mini task),每个学生都能在过程中得到英语学习的机会,避免相互推卸不作为。同时每位学生的表现直接关系到自己小组的最后得分和评价,因此也激发了学生们的学习积极性和集体荣誉感。学生们在整堂课的合作学习中学习如何与组员相处,为了最后的任务能成功完成,学生们还可以学习相互协作解决矛盾或避免矛盾的发生。

以往教师多采用按照学生座位位置来分组。由于位置是按照学生身高为标准来安排的,而小组合作学习的一个重要意义就是鼓励生生相互学习。而按照座位来分组往往会产生有的小组成员英语学习能力普遍较强,而有的小组成员学习能力很弱,这样最后的任务呈现结果会差距很大,有的小组甚至无法完成任务。因此,本案例首先在小组合作学习准备阶段采用异质分组来安排每个小组组成,使得每个小组都包含不同学习能力水平的学生,而组与组之间的水平差异相对缩小,形成较为公平的小组竞争环境。

（上海市汇师小学凌卿老师撰写）

案例 13：游戏活动贯穿，分组体验学习

一、小组合作学习内容

高一年级心理辅导:《积极的心理暗示》

二、小组合作学习目标

1. 了解"心理暗示"的概念,明白"积极的心理暗示"的作用。

2. 在小组活动中学会区分"积极的心理暗示"和"消极的心理暗示"。

3. 通过小组成员之间的交流,使学生在面对学习、生活中的烦恼时,学会对自己形成积极的心理暗示,鼓起勇气,树立自信,获得成功。

三、小组合作学习过程

(一) 游戏导入，揭示内涵

教师:上节课我带大家认识了神秘的心理学,今天我们继续神秘之旅,让我们一起先来做一

个奇妙的游戏。

请全体同学起立,以手腕与手掌相连接处的线为准将双手对齐,手指并拢,掌心相对合在一起,比较左右手的长度,你会发现两手长度基本一致。然后请把右手手臂使劲向上伸展,闭上眼睛,心中默念右手手指在长长,并在脑海中想象手指生长的情形,并且能感觉到手指头肚在发胀、发麻。一两分钟后,请你睁开眼睛,再次比较双手长度,你发现结果有什么变化呢?

同学们会发现心里默念的变成了事实。右手手指真的长长了。为什么我们的手指会变长呢?(提问1—2人)

教师总结:这就是心理暗示的作用。心理暗示是指通过语言、动作,以一种含蓄的方式,对他人(或自己)的认知、情感、意志以及行为产生影响的心理活动过程。心理暗示给人们的生活带来什么影响呢?下面我给大家讲述两个关于心理暗示的故事。

(二) 讲述故事,启发思考

故事一:1919年,在美国一个农场,一场凶猛的脊髓灰质炎袭击了一个17岁的少年,令他全身陷入瘫痪,除说话和眼动外不能做任何事情。男孩的妈妈请来了三个医生,他们都对她说:"你的儿子很危险,就算能活下来,也永远站不起来了,他会终生瘫痪。"这个男孩决心挑战医生们的预言,他要努力尝试着活下去。为了恢复行动的能力,他为自己构建了一个摘苹果的画面。这一画面无比生动、细致,他的手仿佛在缓缓地伸向苹果树上的苹果,自己全然放松又非常专注地体验每一个细小动作中手和身体的移动。几个星期后,这一画面中牵扯到的肌肉恢复了轻度的行动能力,它们可以做这一画面中的动作了!接下来,他不断重复这一过程,每当想达到一个什么样的康复目标时,他都给自己积极的暗示。过了数年后,他不仅站了起来,还用强大的意念活到了近80岁,这个男孩的名字叫米尔顿·埃里克森,他是一个伟大的心理学家。

故事二:德国纳粹分子用人做过这样的实验:让一个临刑者看着几个受刑者一个个被割破手上的动脉血管,血一滴滴地流尽死去,然后把他的眼蒙上,在他手上割了一个不足以致命的小口,用水模仿血滴下的声音。过了一段时间,这个临刑者死去了,死状与血流尽而死的人一样。

讨论:米尔顿·埃里克森是如何克服疾病的困扰的?临刑者为何在身体没有受到伤害的情况下死去呢?这对我们的生活有什么样的启示?

教师总结:米尔顿·埃里克森在积极的心理暗示下,不仅活了下来,而且还恢复了健康。而消极的暗示却导致了"纳粹实验"中的那个人的死亡。可见学会运用积极的心理暗示,能使我们鼓起勇气,树立自信,获得快乐。所以我们需要在生活、学习中播撒积极心理暗示的种子,收获幸福的果实。

心理暗示为什么能起作用呢？这与我们大脑的工作方式有关。大脑对于一再重复出现的神经联结，会形成一个记录。相同类型神经元的联结速度也会比较快。这便能解释人们为何有时会"人逢喜事精神爽"，有时又会越哭越伤心。了解大脑的运作模式，就知道改造我们的信念并不是不可能的事。如果能够常常保有正面积极的信念与人生观，大脑的神经元也就越能熟悉这样的运作模式，不知不觉中，许多行为与态度也就跟着转变，更能为我们创造出美满幸福的人生。

心理学的研究还表明，人的发展常常会如标签上标明的那样进行，当人自认为怎样时，他的神经系统会传达一个不容置疑的指令，"命令"人随之发生相应的改变，这就是所谓的"标签效应"。消极的标签会给人消极的暗示，在不知不觉中，人就会失去斗志，失去信心，放弃努力，迷失前进的方向，甚至"破罐子破摔"。相反，积极的标签会给人积极的暗示，让人有面对困难的勇气，努力寻找解决问题的办法，经常对自己做出积极的暗示，就能够产生令人吃惊的积极的效应。

(三) 小组合作，头脑风暴

1. "积极果"拼盘，强化积极的心理暗示

(1) 小组形成

班级共有 36 人，分为 6 组，在每组中选一位组织领导能力较强的学生作为组长。

(2) 小组活动任务

每个小组有一个信封(信封里面装有写着积极暗示的苹果形状卡片和写着消极暗示的苹果形状卡片)和一个果盘。请组员们合作，选择写有积极话语的苹果卡片，把他们放在果盘中，让"积极果"把果盘装扮得充实美丽。

[积极果]

➤ 我很自信！我行，我能！

➤ 我一定能实现我的梦想！

➤ 800 米赛跑？真有意思啊！

➤ 下雨了，太好了，不用出去，可安心看书了。

➤ 我有能力，一定能够坚持，一定能获得成功。

➤ 又是新的一天，我的精力很充沛。

> 我喜欢生活充满挑战性,并从生活的每项经验中学习。

> 我一直保持心境平和。

> 我身体健康,充满活力。

> 我不怕困难,战胜挫折,我是生活的强者。

> 我已经尽力了,让过去的都过去吧,我要全身心地投入下一场考试中。

> 我不比别人差,天生我才必有用。

> 我一定要努力,加油干。

> 机会总是青睐于那些有准备的人。

> 成功者是不会轻言放弃的。

> 失败只是暂时没有成功而已。

> 风雨过后必将见到彩虹。

> 不去做肯定不会成功的,做了至少还有成功的希望。

> 我已经做好了充分的准备。

[消极果]

> 我怕写作文!

> 作业这么多,我哪够时间写啊?

> 物理太难学了,我放弃!

> 周末过得怎么这么快,又要去学校了。烦!

> 我长得那么不起眼,总是不能引起别人的注意。

> 我的成绩总是不如别人,或许我天生比人家慢一拍。

> 我在绘画、音乐方面没有天赋,看来是学不好的了。

> 他(她)总是和他窃窃私语,是否在说我的不是,我不想和他们交往。

教师:大家团结合作,任务完成得又快又好。接下来,我们将在"梦想的力量"的音乐声中朗读。按顺序一直读到音乐声停下来为止。(学生伴随音乐朗读"积极果盘"上的语言。)

2. 转动心理魔方

教师:享用完"积极果"后我们精力充沛,再让我们一起去转动积极的心理魔方吧!

(1) 小组合作要求

保持分组情况不变,每组组长手中一个心理魔方,魔方最中间的格子里都有一件烦心的事情。组员共同出谋划策,从积极的角度来思考解决这个问题,并把你们讨论的最终结果写在卡片上。组长转动魔方,再把积极思考的内容贴到魔方背面最中间的格子里。最后各组组长向全班同学展示内容并加以阐述。

(2) 小组讨论过程

拿到魔方后,各组同学开始了热烈的讨论。(教师参与讨论,在讨论时巧妙引导,时而给予及时鼓励,时而在出现冷场时给予点拨诱导,时而给予提示纠正,促使小组讨论高潮迭起,精彩呈现。)

烦恼一:脸上痘痘很多

生1:我认为可以这样思考,长青春痘说明我年轻,而且还可以排毒。

生2:我认为长青春痘可以提醒我们要多吃新鲜蔬菜、水果,多一点睡眠,养成良好的作息习惯。

教师:同学们能够运用积极的心理暗示转化青春痘的烦恼,这些想法非常好。

烦恼二:我这次考试有很多题目不会做,成绩退步了,真沮丧,我不是读书的料。

生1:我认为考试就像化验单,有了考试的检测,我就可以像大夫一样,给自己的学习情况开出"病历"与"药方",不断补缺补漏,争取更大的进步。

生2:我觉得一次考试没考好,这只是偶然现象,提醒我前一段时间太贪玩了,刚好可以给我敲敲警钟。

教师:一个人的成长是多方面的,学习是知识和能力的获得。同学们具备了积极思考的能力,这比分数更重要。相信你们能够更加理性地对待考试成绩,为你们点赞。

烦恼三:最近我总是被××教师批评,是不是他看我不顺眼,不喜欢我呢?

生1:我认为教师的批评虽然让我不舒服,但他批评的目的是为了帮助我改正缺点。

生2:我觉得教师是针对我做的错事批评我,而非对我这个人有意见。

生3:良药苦口利于病,忠言逆耳利于行。批评是促进我成长的礼物。

教师:同学们说得很好。往往一个人感受到痛苦的时候,正是蜕变成长的时候。相信生命中出现的每一个人都是来帮助我们成长的,我们要学会真诚地与他们沟通,来帮助自己成长。

烦恼四:我考试时总是焦虑,肯定考不好。

生1:每个人都有考试焦虑,这很正常。

生2:考试焦虑并非绝对不好,焦虑其实是人面临险境或应激时的保护性反应,因为只有这样才能调动人的身心潜能投入到所关注的事件中。

生3:焦虑有时候还很有益处,中等程度的焦虑可以使人的学习和应考能力发挥到最好的水平。

教师:同学们说得很对,焦虑是我们的朋友,我们要学会与他相处。焦虑就像闹钟,会提醒我们有工作需要完成。我们只有积极地行动起来,闹钟才会安静。

烦恼五:有的同学家庭条件好,经常穿戴名牌,而我的父母只是普通工人,让我觉得十分自卑。

生1:穷人的孩子早当家,我生活自理能力更强,以后更能适应社会。

生2:自古雄才多磨难,从来纨绔少伟男。没准是老天想要降大任于我,所以先用贫穷考验我的意志力。

生3:因为家庭贫困,我要更加努力学习,让知识改变命运。

教师:生活中有些财富是用物质多少衡量的,有些则不是,比如"自信"、"勇气"、"爱"。虽然我的父母是普通工人,没有给我优越的物质生活,但是他们对我的爱是最宝贵的财富。生命的意义不在于比较,而在于发现生命的美好。

烦恼六:我有拖延的习惯,作业经常不能按时完成,真让人头痛啊!

生1:我发现把大目标分解成具体的小目标,可以让自己很快行动。

生2:这提醒我要掌握一些科学管理时间的方法。

教师:同学们说得很对,分解目标和管理时间是克服拖延的有效办法,行动更是打败拖延的有效武器。

(3)每个小组长展示魔方内容并发言,小组其他成员也可以补充,让学生充分地表达,教师加以适当点评。

(四)教师总结,巩固主题

教师:通过这节课的学习,我们切身地感受到积极暗示是有魔力的,你期望什么,你就很可能会得到什么。如果你对自己充满自信的期待,结果就可能真的如你所愿。世界上没有"救世主",能改变自己、证明自己的,只有你自己。只要你抱有真诚的心态,并不懈地使用积极的暗示方法,就能收获幸福的人生。

四、小组合作学习评价

1. 通过"心理小游戏"的体验，让学生初步了解什么是"心理暗示"，在活动的载体中，"心理暗示"的内涵得到自然的诠释。

2. "故事"环节是对学生讲述与"心理暗示"相关的故事，对"心理暗示"这一内涵进行拓展。俄国著名心理学家巴甫洛夫认为：暗示是人类最简化、最典型的条件反射。然而随着研究的深入，人们发现暗示就像一把"双刃剑"，它可以救治一个人，也可以毁掉一个人，关键在于接受心理暗示的个体自身如何运用并把握暗示的意义。教师通过"米尔顿·埃里克森"和"纳粹实验"这两个小故事，揭示了"积极的暗示"和"消极的暗示"指导下的不同结果，在比较与分析中，让学生体会了"积极的心理暗示"的重要作用。

3. "积极果"拼盘活动

通过小组活动让学生可以更好地区分日常学习生活中出现的"积极的心理暗示"和"消极的心理暗示"。通过学生亲手"拼盘"及大声朗读，强调"积极的心理暗示"的习得。其实，这个过程本身就是运用了积极暗示的方法，学生在反复诵读中不知不觉将积极的暗示内化了。

4. 转动心理魔方

本堂课是针对高一年级学生的心理辅导。高中阶段是青少年身心发展的重要时期，是青少年思想品质、人生观、自我意识、情绪情感、个性、人格等形成的关键时期。处于这个时期的高中生，其心理的发展具有成熟和幼稚、独立和依赖、封闭和开放等诸多矛盾并存的特点，易产生各种各样的心理困扰。

在这些烦恼中，教师选取了六个典型的案例，通过学生小组讨论，出谋划策及转动魔方的形式，启发学生运用积极的想法解决问题。在解决问题的同时，也是重新认识自我、评价自我的过程。

这样的小组合作学习让学生体会到了积极暗示的作用，不但很好地调动了学生参与学习的积极性，激发了学生学习的兴趣和动机，为他们主体性的培养与发展提供了动力；而且还通过头脑风暴，激发灵感，让他们学会运用积极的想法来解决实际问题。

（上海外国语大学嘉定实验高中白春涛老师撰写）

案例14：模拟情景实验，合作开展揭秘

一、小组合作学习内容

《植树问题》是新审定义务教育教科书数学五年级上册第八单元的一堂课，本节课的内容就是介绍植树问题的三种情况。

二、小组合作学习目标

1. 利用学生熟悉的生活情境，通过动手操作的实践活动，让学生发现间隔数与植树棵数之间的关系。

2. 通过小组合作、交流，使学生能理解间隔数与植树棵数之间的规律。下面是我在一个班级教学的片断。

三、小组合作学习过程

首先课件出示：学校操场边上的一条绿化带长 20 米，每隔 5 米栽一棵。（用线段图表示这两个已知条件）

师：20 米里面有几个 5 米？你能用算式表示出来吗？

生：20÷5＝4（个）

师：20 表示什么？

生：总长。

师：5 表示什么？

生：树与树之间的距离。

师：树与树之间的距离也叫间距。

师：4 表示什么？

生：4 个 5 米。

这时我因势导出：4 个 5 米也就是间距的个数，我们叫做间隔数。这样我们就总结了一个数

量关系式:总长÷间距＝间隔数。

那么要在这条绿化带上每隔 5 米栽一棵树,可以怎样栽树?栽几棵呢?

接着我将班级学生分成若干小组,每小组 4 位同学,合作探究植树规律。并要求每个小组成员做好分工,有记录员、发言人、监督员,记录员要将本组的发现在小组学习单上进行反馈,发言人最后要向全班同学汇报本组的发现,监督员要督促本组每位成员都积极投入到探讨中,时间为 10 分钟。附小组学习单:

任务一:

1. 用长 20 厘米的泡沫代替绿化带,牙签代替树苗,小组模拟栽树活动。在活动之前明确要求:

（1）先把绿化带按每 5 米分一段,进行平均分。

（2）考虑可以怎样栽,有几种方案? 每种方案各栽几棵?

（3）小组分工合作每人设计一种方案模拟栽树。

2. 分组活动,教师巡视指导。

3. 小组汇报。

师:请第 3 小组同学上来"种一种"。

第三小组的 3 名学生分别栽树,另一名学生解说(把方案展示在黑板上)。

生1:我是这样栽的(演示)。生4:为了更好地绿化他在两边都栽了树,共 5 棵。

生2:我是这样栽的(演示)。生4:为了节约成本他在两边没有栽,只栽了 3 棵。

生3:我是这样栽的(演示)。生4:既美观又节约成本他栽了 4 棵树,一边栽了另一边没有栽。

师问:第一种方案为什么是 5 棵?

4. 根据学生汇报引导学生观察每种方案的特点,给方案取名字。(两端都栽;只栽一端;两端都不栽。)(板书)

师在小组汇报后提问:同样是 20 米的绿化带,为什么有的是栽 3 棵树,有的是栽 4 棵树,有的是栽 5 棵树? 并引导学生观察三种不同方案,什么没有变(间隔数没变),什么变了? (种的棵数变了)。那么每种方案中,棵数与间隔数之间存在怎样的关系呢?

任务二：小组讨论，找棵数与间隔数之间的关系，填写表格。

方案	间隔数	棵数	棵数与间隔数之间的关系
两端都栽			
只栽一端			
两端都不栽			

1. 小组讨论交流，共同填写表格。

2. 小组汇报讨论结果，多媒体展示学生讨论结果。

生：两端都栽，间隔数 4，棵树 5，关系是"间隔数＋1＝棵数"。

师：能举例验证"间隔数＋1＝棵数"吗？

师：如果分成 n 段会怎样？

生：棵数比间隔数多 1。（根据学生回答板书：间隔数＋1＝棵数。）

生：要种 n＋1 棵树。（借助图形进一步加深理解。）

师：其实我们的生活中有许多现象与植树问题很相似，你能找找看吗？

生1：排队做操就像两端栽树一样。（出示相应题目，学生解答。）

生2：走楼梯的时候也像植树问题。（出示相应题目，学生们自发讨论起来。）

生3：老师 36 个台阶是指从哪里到哪里？半层还是一层？

师：你问问大家吧。

生4 站起来说：题目中说 1 层有 12 个台阶，肯定是从 1 楼到 2 楼，这样才是 1 层啊！

（学生边说边指着课件。）

生3：哦，明白了。

生5：锯木头有点像。

生6：画图看一下，要锯成 4 段，只要 3 次就行了。（根据学生回答出示线段图。）

师：能通过画图解决问题，真了不起。

生7：敲钟问题也是植树问题的类型。（出示相应题目，学生们纷纷议论起来。）

师：老师还找到一个，看！（出示学生们在操场上做操的照片）你能提出什么问题？

生：我们班第一列第一位同学到第二位之间的距离大约是 1 米，那么第一位同学到最后一位同学之间的距离大约是几米?

师:说得真好!

生:是的,是的。还有那边的……(学生们七嘴八舌地开始就做操队伍里的"植树问题现象"讨论开来。)

(学生们更活跃了,开始对这张照片中隐藏的数学问题发表见解。)

……

师:你有什么收获吗?

生1:我知道了植树问题的特点:棵数=间隔数+1。

师:那可有个前提——

生1:两端都栽树。

生2:我觉得生活中到处都可以找到植树问题。

生3:只要你做个有心人,数学就在我们身边。

最后,我请了其中一组的发言人归纳出植树问题的3种特征:在间隔数都是4个的情况下①最多能栽几棵树?间隔数+1=4+1=5棵。②最少栽几棵?间隔数-1=4-1=3棵。③只栽一端情况下是棵数=间隔数=4棵。

四、小组合作学习评价

1. 我给了足够的时间让学生小组合作,用自己的方式去设计并通过不断交流和反思来发现规律。学生通过模拟栽树自主探索出在一条绿化带上植树有3种不同的情况:"两端都栽"、"两端都不栽"、"只栽一端";通过小组讨论交流找到"间隔数"与"棵数"之间的规律。这样的数学活动才是学生自主参与,才是学生自己的数学活动。

2. 学生在实践操作的基础上进行小组合作讨论,沟通了棵树与间隔数之间的联系,渗透了数形结合的思想,从中体会到了操作的优越性,进一步理解掌握了棵数与间隔数之间的关系。如此分层教学,层层深入,揭示了植树问题的本质规律,同时让孩子理解掌握植树问题的思想方法有一个循序渐进的过程。

3. 用表格的方式来呈现学生所汇报的植树问题的三种情况,便于学生观察比较、理解分析,为学生抽象出的"两端都载:棵数=间隔数+1"、"两端都不载:棵数=间隔数-1"、"只栽一端:

棵树＝间隔数"等数学模型提供一种直观的表象,同时渗透一种"列表找规律"的学习方法。

4.学生的数学学习活动应该以自己的认知与经验来构建活动过程,面对问题自己作出假设,并设计活动来检验这些假设,通过自己的反思修正最终获得结论。因此小组合作学习的内容要具有探讨价值,是学生遇到困难无法自己解决时才开展小组合作学习,不能单凭教师的意愿,想什么时候合作就什么时候合作,而应当从教学的具体内容出发,从学生的学习实际出发,把握小组合作学习的最佳时机。只有这样,才能充分发挥小组合作学习的优势,促进学生有效地合作学习。

在课堂教学中只有适时恰当地把握小组合作学习的时机,才能充分发挥学生的主体地位,有效地促进学生知识的发展和能力的提高,真正发挥小组合作学习的实效性,焕发课堂的生命力!

（新疆乌鲁木齐市第十八小学马玉花老师撰写）

案例 15：问题引导探究，合作攻克疑难

一、小组合作学习内容

沪教版高一数学下册"探究与实践"栏目课题四——制作管道

课题设计背景

在实际生活中,很多大口径的管道是用钢板弯曲焊接而成的。本节课是让学生通过动手实践、自主探究、小组合作交流等方式来掌握管道制作的操作原理,并能将其运用到解决实际问题中——会根据所给材料设计合理的切割方案。

二、小组合作学习目标

1.培养学生的动手实践能力；

2.培养学生的自主探究能力；

3.培养学生的合作意识和沟通交流能力；

4.培养学生运用所学数学知识解决实际问题的能力。

三、小组合作学习过程

● 课前准备：

① 分组：全班分成 7 组，每组 4—5 人围坐一起

② 分发材料：每组 2 张相同纸条、2 个相同圆柱体

（各小组的纸条宽度不同，3—9 厘米不等；圆柱体均相同）

● 实际背景介绍（课件演示）

● 引出课题（教师结合教学模型演示）

● 小组活动一

① 动手实践：

每组用所发的两张相同纸条分别去绕两个圆柱体（要"不重不漏"），并截去多余部分。

② 成果展示：

每组将其所绕部分的纸条摊平，并将其中一条贴在前面讲台上（写好组别和所用纸条宽度），另外一条留着以便接下来研究时使用。

③ 观察、思考→探究、交流

    师：所截的多余部分是什么形状？所绕部分的纸条（摊平后）是什么形状？

    生：所剩的是直角三角形或直角梯形。（再看看讲台前面贴着的五颜六色而形状又各

        不相同的纸条，兴奋地异口同声地喊道）哇，都是平行四边形！

    师：为什么？有何感想？

小组成员们很快利用初中所学的平面几何知识对此做出解释，并根据手中所截的多余部分分享了该如何节省用纸的方案……

老师在屏幕上给出进一步要探究和交流的问题：

➢ 每组贴在讲台上的平行四边形的异同之处？

➢ 每组所得的平行四边形与所发纸条宽度有何关系？

➢ 平行四边形的两邻边及夹角与圆柱体的半径、高和纸条宽度的关系？

➢ 利用所学过的研究函数性质的方法去研究上述关系。

随着问题的不断深入，小组成员们的讨论热情持续高涨，拿着事先所发的另一张纸条还原

刚才的绕纸过程,并边绕边思考,边讨论……

老师适时地对学生加以启发和点拨:

"决定平行四边形形状和大小的量有哪些?"

"决定圆柱体形状和大小的量有哪些?"

通过观察讲台上所贴的各个不同的平行四边形和反复还原绕纸过程,通过小组成员们的通力合作和画图分析,在小组成员们热烈的讨论过程中集体智慧的火花不断碰撞,利用所学的圆柱知识、三角知识、函数知识等找到了屏幕上所要探究问题的答案。

➢ 平行四边形的相同之处:

1) 面积相同(都等于圆柱体的侧面积);

2) 有一条边(短的一边)相同(都等于所绕圆柱体的底面周长,与纸条宽度无关)。

➢ 平行四边形的不同之处:

1) 有一条边(长的一边)不同(与纸条宽度成反比);

2) 两邻边的夹角不同(其正弦值与纸条宽度成正比)。

学生还一一列出了上述量之间的函数关系,并用所学函数的性质(如单调性等)对其进行了合理的解释和分析。

● 小组活动二:

小组竞赛——用相同宽度的纸条去绕相同的圆柱体,要"又快又省"。

① 任务一:用 6.5 厘米的纸条去绕 25 厘米长、直径为 3.2 厘米的圆柱体;

② 任务二:用 2 厘米的纸条去绕 10 厘米长、直径为 2 厘米的圆柱体。

● 小组活动三:

实际应用——设计切割方案(课后完成)

现有的材料是 2 米宽的矩形钢板,若要制作一段长 5 米、直径为 1.4 米的大口径水管,则需要多少长的钢板?(精确到 0.1 米)

请设计钢板的切割方案。

四、小组合作学习评价

1. 合理选定探究主题

在选择探究主题时,应从学生的兴趣与经验出发,"应重视数学与现实生活的联系,一方面要选择具有广泛应用性的数学知识充实课程内容;另一方面要开发数学实践环节,强化运用数学知识分析问题和解决问题的过程。"正如波利亚所说:"拿一个有意义又不复杂的问题,去帮助学生发掘问题的各个方面,使得通过这个问题,就好像通过一道门户,把学生引入一个完整的领域。"

比如对这节课来说,教材中的探究主题是:如何用矩形钢板制作大口径管道。为了更贴合学生实际,我将其"改造"成"如何用彩色的矩形纸条去包裹家里装修后裸露的管道",这样学生一方面觉得数学离生活很近,另一方面后者在课堂上更具有可操作性,取得了不错的效果。又比如我在开展完高一上册"探究与实践"栏目中课题三——上海出租车计价问题的探究活动后,又补充了两个探究主题"手机套餐的选择"和"上网套餐的选择";在高一下册完成了教材中的"推算湖南长沙马王堆古墓年代"的例题教学后,补充了"警方是如何推算尸体的死亡时间的"这一探究主题……通过选定这一系列与学生认知实际紧密联系的探究主题,拓展了学生的数学活动空间,发展学生"做数学"、"用数学"的意识,培养学生用数学的眼光去观察周围事物,从中发现规律,通过现实的自我发现、自我探索的过程培养学生的学习兴趣和创新意识。

2. 精心组织探究内容

教师要通过对探究内容的"问题化"组织,将探究内容转化为符合学生心理特点的问题或问题情境,激发学生的学习兴趣,激活学生的思维,促进学生的自主探究与合作交流。探究内容要适合学生的认知水平,既不能让学生有望而生畏之感,又不能让学生有不动脑筋就能够轻易答出的懈怠,要让学生感到"三分生,七分熟,跳一跳,摘得到",要避免产生"探究无力"和"探究无味"。

比如我这节课总的"问题化"组织是:实际背景介绍(提出要解决的实际问题)→小组活动一(通过纸条试验了解其操作原理)→小组活动二(通过小组竞赛掌握其操作原理)→小组活动三(解决前面提出的实际问题)。在"小组活动一"中,所设计的"问题化"组织是:所截的多余部分的形状?→所绕部分的纸条(摊平后)的形状?→每组所得平行四边形的异同之处?→平行四边形形状与所发纸条宽度的关系?→平行四边形的两邻边及其夹角与圆柱体的半径、高和纸条宽度的关系?……教学效果表明,上述"问题化"组织的设计符合学生的认知规律,符合"最近发展区理论",很大程度地激发了学生学习的兴趣,调动了学生参与课堂的主动性和积极性,其主体地位得到充分体现。

3. 精心组织探究过程

教师要充分发挥情感因素在探究过程中的作用,与学生建立平等合作的关系,确立学生在学习中的主体作用;要通过教学策略的运用,引导学生主动参与,鼓励学生主动地、富有个性地学习;教师要通过学习团队的组织,指导学生开展合作学习,引导学生逐步形成共同的学习目标、积极的互助与信任、良好的合作动机与个人责任;并"通过鼓励性评价调动学生思维的积极性,激发学生的创新意识和创造潜能,帮助学生不断增强学好数学的信心和成就感"。

比如这节课的座位形式是每组4—5人围坐一起,教室中间空出来以方便我巡视指导和同学们"发表高见"。在课前准备时同学们就很兴奋,就对这节课充满了期待。我也欣喜地看到,在整个课堂的探究过程中同学们围坐在一起的探究热情持续高涨,特别是在"小组活动二"的"小组竞赛"环节,每个小组同伴间的团结合作更是达到了高潮,通过小组成员间不断地讨论交流,发挥了学生在学习中的主体作用,培养了同学间的协作精神,使整个探究过程更具群体参与性,让每个学生都能有平等的表现机会。又如在"探究、交流"这个环节中,我鼓励学生大胆走上台来,边讲边演示"自己组的作品",生生之间、师生之间完全是一种平等的相互交流、讨论的关系,从而使学生学得轻松、学得有趣,激发了创新思维的展开。同时我对学生探究过程中出现的创造性火花,及时地给予肯定与表扬,从而把培养非智力因素和智力因素有机地结合起来,为数学探究实践课的教学注入动力,促进学生应用意识与创新意识的培养,促使师生关系更为和谐。

4. 在开展"小组合作学习"时应注意避免的几个问题

① 要求过高:教师没有充分了解学生的实际水平与能力,所要探究的问题过深,以致学生探究失效,心理受挫;

② 任务过多:教师力求在单位时间内尽量多地完成教学任务,一味求快,学生的自主探究不够深入、不够全面,以致探究质量受到影响;

③ 速度过快:在小组合作交流的探究过程中,教师没有兼顾到个体学习发展过程的差异,"收"之过急,仅以部分"优生"的行为作为学习节奏的标尺,以致部分"后悟"学生因没有收获而沮丧,不再愿意主动参与探究过程。

结束语

"探究与实践"栏目是新教材中的一大亮点,教材编者努力为学生和教师的积极活动提供空间和可能。通过设置一些具有启发性、挑战性的问题来激发学生探究和实践的欲望,并促进他们主动地学习和发展;有意识地为教师的再创造留有广阔的空间,以促进教学方式的转变。但具体到落实层面上,令人遗憾的是,我以前可能和多数老师一样,对这一栏目的重视程度明显不够,教学时间紧的时候根本不会去关注,哪有时间去引导学生"自主探究、动手实践、合作交流"呢？ 这主要是因为教学功利心太强,也抱有"反正高考也不考"的侥幸心理。

通过这节课的教学实践,我为自己以前对这一栏目所持的态度"心怀愧疚",也为现在自己对这栏目钟爱有加的态度"欣喜万分"。因为这节课让我看到了这种倡导自主探究、实践体验和合作交流的学习方式给数学课堂带来的无限生机和活力,同时也为素质教育所注重培养的创新精神和实践能力提供了很好的平台和途径;使学生不但认识到了学习数学的实际应用价值,也充分体验到了探究的乐趣,享受到了小组合作交流的魅力;并进一步激发了他们的学习兴趣,陶冶了他们的情操,使他们愉快地徜徉在数学世界里,真正变"要我学"为"我要学"。

教材中的"探究与实践"栏目,为学生搭建了一个探究、实践的舞台,让学生有了自由翱翔的空间,促进了学生思维水平的提高和意志品质的培养,这不正是与目前以能力立意、考查学生思维能力的高考方向一致吗？ 再说,我们的数学教学除了让学生掌握数学知识、学会解题、应付高考之外,难道就没有更高远的目标值得去追求吗？ 枯燥无味的纯数学知识不可能让学生记住一辈子,但是,借助于"探究与实践"栏目所搭建的这一舞台,让学生学会自主探究、操作实践和小组合作交流,相信这种学习方式必定能让他们受用无穷,为其终身发展奠定良好基础。

（上海外国语大学嘉定外国语实验高中杨菊峰老师撰写）

案例16：借助思维导图，引导小组学习

一、小组合作学习内容

上海版牛津英语四年级下册 M3U2 4th period Landmarks in Xujiahui

二、小组合作学习目标

1. 借助多媒体资源,指导学生进行小组合作学习,并通过合作学习,逐渐养成倾听他人的习惯。

2. 借助图片、录音或多媒体资源,学生在小组学习中,能在语境下与他人进行英语的交流。

3. 学生在小组合作学习中,学会合理分工,达到优势互补。

4. 学生通过小组之间的竞争，激发自身学习兴趣，调动起学习的主动性和积极性。

三、小组合作学习过程

本课时在第一阶段（pre-task preparations）中，对学生所做的课前测试进行数据分析，从数据中分析学生的英语自学能力、英语学习程度以及英语口语、书面表达能力，以便帮助教师进行较好的分组学习活动。第二阶段（while-task procedures）中，学生先整体感知文本，初步理解文章所表达的意思。通过分段的教学处理方式，教师纠正了学生的单词（modern、landmarks 等）发音，学生掌握了词组（be famous for）在语境中的使用。教学过程中，教师与学生共同搭建思维导图，有逻辑顺序地介绍徐家汇的地标建筑。在经过这两个阶段后，为了巩固学生对于主体文本的理解以及熟悉思维导图的构成，设计了一个小组活动，即以小组为单位，借思维导图的帮助，复述文本。

活动一：

内容	教师授课	学生表现
复述文本	1. 介绍思维导图的作用 2. 给予任务指导，分配小组任务	1. 能理解思维导图的意思以及作用 2. 组长分配任务：全体组员齐说开头与结尾，在正文中，组员各选一个地方进行描述

课堂表现：

要求：复述文本 → 组长分配段落 → 组内复述，纠正错误 → 文本整体口头输出

在 while-task procedures 阶段中，每小组根据黑板上的思维导图复述本课所学的文本。学生组长根据组内学生的英语学习能力，进行语段的分配；同时，在组内交流时，英语表达能力较强的学生可纠正相对表达能力较弱的学生，例如语音、语调、语法等。在最后整体的口头输出中，组内成员可相互进行提醒帮助，巩固单词、句型，推进最后环节的输出。

活动一的巩固和复习帮助推进了第三阶段（post-task activities）的语言输出，学生进行再次分组，组长分配任务，进行新的地点介绍，并与其他组进行交流分享。

活动二：

内容	教师授课	学生表现
从虚拟网络中选取三个徐家汇的地标，搭建思维导图并有逻辑地口头表述，最后再进行组与组之间的交流分享。	介绍完成任务的步骤： 1. 选择 3 个地标建筑； 2. 网络搜索，读取信息； 3. 完成思维导图； 4. 组内交流； 5. 组间交流。	组长分配任务，每一位学生选择一个有特色的地标建筑； 每一位学生读取相关信息，提炼关键字词（如：famous、beautiful、modern）； 合作完成思维导图； 进行组内交流； 进行组间交流并给予相应评价。

课堂表现：

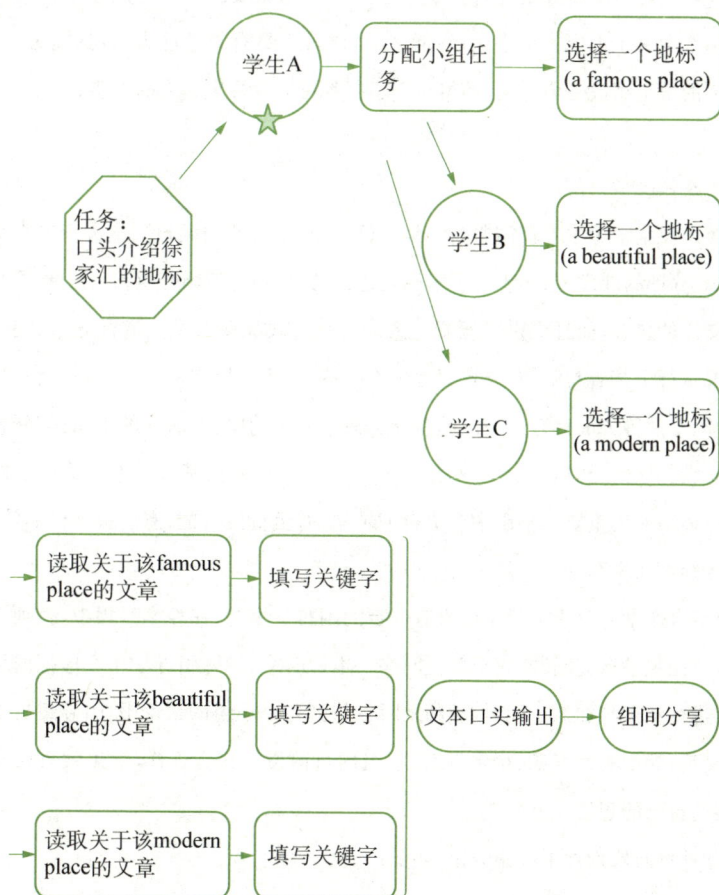

教师在 post-task activities 阶段中布置任务后,由学生组长根据组内学生感兴趣的地方进行任务的分配,读取相关的文章,并抓取关键字填入思维导图中。然后在组内进行口头的表述,开头、结尾可由语言能力较强的学生进行朗读,其他语段由负责该段落的学生进行依次表述。最后与其他小组进行分享与评价。

说明:为了让教学以及学习过程更加有效,本课时的两个活动都需要不同类的分组。活动一需要进行性别、性格分组。男生在小学阶段,课堂表现较为活跃,乐于表达自己的想法;而女生在小学阶段,英语表达能力相对于男生较强,语言逻辑较为缜密。同时将内向和外向的学生组合在一起,优势互补,进行高效的复述练习。

活动二需要进行异质分组以及能力分组。为了有效地提高小组合作学习,达到教育机会均等,同时提高学习效果,异质分组在合作学习中显得尤为重要。在学习成绩上,一个优等生、一个中等生和一个学困生组成一个小组;在能力上,同时将具有管理能力、表达能力、速记能力等各种不同能力的学生组成一个小组,使得每个小组都可以发挥出最大的潜能。

四、小组合作学习评价

学生在英语课堂学习中不仅需要与老师进行互动,还需要与同班同学进行思维与语言的交流。在短短 35 分钟的课堂上,学生既要乐于表达自己,也要善于倾听他人。因此,合作学习不但创造了学生交流的机会,而且提供了倾听他人的平台。教师在对学生进行分组之前,已经对学生的个体情况进行了调查与归类,有意识地将不同特点、不同层次的学生进行分组,每个小组中的成员在成绩、个性等方面都有了一定的差异。梅里儿·哈明在《教学的革命:创新教育课程设计》一书中论及团队合作技巧时提到,小组任务应以个人任务为基础。因此给小组内每个成员分配一个任务显得尤为重要。小组中有负责记录的、有负责发言的、有负责评价的等,这样的小组合作效率才会大大提高。

当然,小组合作学习对于小学生而言有一定的困难。因此,在教学过程中,教师先要引导学生发现问题,进而主动探究问题,直至解决问题。本课时中,教师引导学生在虚拟网络中查阅资料,并对资料进行整理与加工。同时,教师及时参与到各个小组的讨论中,引导组员采用多样化的方式进行交流,如中心发言式、指定发言式、组内自由发言式。这样,学生就有较多的机会倾听他人,并表达自己的想法。

在最后的评价阶段设计了一张表格,如下:

Group(小组)	🔊 Voice(声音)	Fluency(流利)
	👍👍👍	👍👍👍
	👍👍👍	👍👍👍
	👍👍👍	👍👍👍

　　每个小组把自己的最后成果汇报给其他小组并给予分数。项目一（voice 声音）：小组内每一位成员都有参与汇报，可以给予 1 个大拇指；小组内每一位成员都有参与汇报，并且声音响亮，可以给予 2 个大拇指；小组内每一位成员都有参与汇报，并且声音响亮，语音语调优美，可以给予 3 个大拇指。项目二（fluency 流利）：小组内成员汇报语言流畅，可以给予 1 个大拇指；小组内成员汇报语言流畅，各成员间段落衔接顺畅，可以给予 2 个大拇指；小组内成员汇报语言流畅，各成员间段落衔街顺畅，整篇文章通顺有逻辑，可以给予 3 个大拇指。

　　通过这样的小组合作学习与组间评价，不仅欣赏了其他小组的学习成果，也能够对自己小组的学习成果进行修改与指正。一节课下来，学生不仅能够顺利地描述出某一个徐家汇的地标建筑，并且能够有逻辑地进行介绍。在小组合作学习中，学习能力较强的学生也能够帮助中等生和学困生进行单词的语音语调的纠正；而学困生也能在组内沟通自己的想法，并大胆地与小组成员进行综合汇报，提高了其学习英语的自信心与积极性。

（上海市汇师小学曹卉悦老师撰写）

案例 17：分组分项探究，整体汇成共识

　　俗话说"三个臭皮匠，赛过诸葛亮"，说的就是团结合作的力量，做事是这样，学习更是这样。小组合作学习可以克服教师力量单薄、精力不够等现状，让生教生、兵教兵，强化学生自我管理及相互管理的能力，让学生有更多相互交流、学习、沟通、协作、探究的机会和平台，使学生认识

到自身的价值,让每个学生的特长、优势、潜能得到较大限度的挖掘与开发。

一、小组合作学习内容
人教版小学数学六年级上册《认识圆柱》

二、小组合作学习目标
采用不同的方法探讨圆柱的侧面展开图与圆柱各部分间的关系。

三、小组合作学习过程
学生在初步完成本节课的第一个教学目标,即认识了圆柱体各部分的名称后,我设疑:"是不是只要有两个完全一样的圆和一个侧面就能组成一个圆柱?"有了对圆柱的初步认识,部分学生脱口而出,"是";也有部分学生不确定地说道,"不是"。随着教学学具的演示,学生发现一个弯曲的侧面,两个完全一样大小的圆形居然不能组成圆柱。"这是怎么回事?想一想,猜一猜?""这该如何研究?"问题到此,学生因为有了之前学习圆的周长、圆的面积的知识铺垫,学生小声地说道,"化曲为直","把圆柱的侧面展开"。接下来的小组合作学习使学生的思维也"化曲为直",精彩纷呈。

(一)出示小组合作学习任务。

具体合作学习任务如下:

1. 圆柱的侧面展开后会是什么形状?先自己想一想,想不出来的听听别人的意见。

2. 动手剪一剪,再展开,看看与你的猜测一样吗?

3. 圆柱的侧面展开图与圆柱有什么关系?把你的想法与小组内的同学进行交流。

4. 再看看其他同学的方法与你的一样吗?结论一样吗?

小组合作前一定要有明确的学习任务,既要简洁明了,又要具有较强的指向性和操作性。首先要让学生静下心来自己想一想,独立思考后还解决不了的与同桌商量解决,再小组交流、碰撞、分享,达成小组共识。这样既给了学生独立思考的时间和空间,尊重了每个学生的个性思维,又为学生创设了合作平台,避免了少数优生的意见替代大多数学生想法的情况,使学生人人参与、人人思考,个个都有成为学习领袖的机会。

(二)小组内交流探讨,老师巡视,最后交流汇报。

在小组合作学习过程中,学生通过动手剪一剪、比一比的实践操作,变被动学习为主动学习,探究出了三种不同的方法研究圆柱的侧面展开图与圆柱各部分间的关系。

李嘉皓小组:我们沿着圆柱的高剪开,展开后形成一个长方形。李嘉皓用剪刀剪;林天歌连忙测量底面圆形的半径,计算圆的周长;高依敬用长方形沿着圆柱实物转一圈,比一比;王子奇记录结果。这组同学发现长方形的宽与圆柱的高相等,长方形的长接近于计算出来的底面周长。四人主动默契地配合,体现了小组团结向上的学习合力。

金宝峰小组:我们沿着圆柱的高剪开,展开后形成一个正方形。拿正方形任意一条边沿着圆柱实物转一圈,发现长度正好相等。我们得出结论:正方形的边长是圆柱的底面周长,也是圆柱的高。

徐浩峰小组:我们沿着圆柱的侧面随便剪开,展开后形成一个平行四边形。通过测量得出结论:平行四边形的高等于圆柱的高,平行四边形的底边也是圆柱的底面周长。

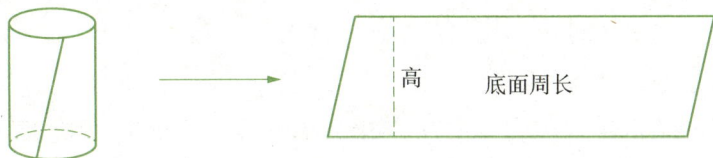

通过小组合作学习后的交流汇报,学生们惊喜地发现,侧面展开图有的成长方形、有的成平行四边形、有的成正方形,但不管怎样剪,这些"直线图形"的长就是圆柱的底面周长,宽就是高。学生在"化曲为直"的探索过程中,明白了本节课的知识目标,通过多种方法,对圆柱的侧面展开图与圆柱各部分间的关系有了清晰的认识。

四、小组合作学习评价

在倡导"合作学习"的大环境下,今天的教师"教什么,怎么教"? 我的理解是学生会的不教,合作学习能解决的不教。教师要结合学生小组展示的情况相应灵活地教，教在学生的疑难处、教在思维的盲点处、教在思维的提升处、教在方法的提炼处。以小组为单位展示小组的团体学习效果，可以增强小组的学习凝聚力与荣誉感。在小组展示的过程中充分发挥老师的引导作用，用精炼的问题进行追问，促使学生充分展示自己的思维过程。在上述片段中，我结合三个小组的展示情况，通过追问使学生理解这三种方法的异同：只是所用的形式不一样，但实质是一样的，都是利用"化曲为直"的方法，把圆柱侧面展开，通过比较发现圆柱底面与侧面展开图形的关系，进而为后续学习圆柱侧面积做好铺垫。

小组合作学习是符合时代进步和发展的学习方式，它对促进学生积极进取、自由探索，培养学生的创新意识和实践能力发挥着积极的作用。教师在教学过程中充分利用课堂上学生合作学习的资源，一定会"化曲为直"，精彩纷呈。

（新疆乌鲁木齐市第三小学张蓉老师撰写）

案例18：小组合作学习，充分思考表达

一、小组合作学习内容
沪教版小学语文三年级《动物的休眠》

二、小组合作学习目标
1. 通过小组合作学习，认识本课生字，正确流利地朗读课文，了解课文的结构层次。

2. 通过小组合作学习，了解课文介绍的两种动物休眠的特点，并掌握阅读方法，在理解课文的基础上试着向大家进行介绍。

3. 通过小组合作，制作一份关于介绍动物休眠的学习资料卡。

三、小组合作学习过程
《动物的休眠》是一篇科普说明文，以蝙蝠和海参为例介绍了动物在不同季节的休眠，向学生们展示了动物有趣的生活方式。本文的层次分明，共分为两个部分，第一部分主要介绍蝙蝠的冬眠；第二部分介绍海参的夏眠。作者在对两种不同休眠方式进行介绍时，写作方法很相似，

将两种动物休眠的时间、地点、原因以及方式进行了一一描述。在叙述过程中,语言简洁,以短句为主,为了增强表达的生动性,使学生在阅读时感受到趣味性,还适当使用了设问句、过渡句、拟人句等修辞手法,深入浅出地将科普知识传授给学生。

备课的时候,考虑到如何让学生对这样的文章产生兴趣,从而达到更好的教学目标,思前想后,决定将小组合作学习贯穿整个教学,让小组合作充分发挥学生自主学习的作用,激发学习热情,挖掘个体学习潜能,让学生在互补促进中共同提高。

本课的一些生字在字形及读音上还需要学生关注;一些字、词的意思需要学生运用所学的各种方法去理解。而这部分的学习对于已经有一定学习能力的三年级学生来说,他们可以运用学过的识字方法和理解词意的方法进行小组合作学习。本文的重点学习内容是了解蝙蝠和海参的休眠特点,由于两部分内容写作方式类似,也可以通过小组合作学习方式,从扶到放,让学生在自主阅读、合作讨论、交流反馈的过程中,疏理文章内容,掌握阅读方法。为了检查学生对课文内容的理解掌握程度,将课堂所学知识融入生活实践,课堂最后环节可以让学生制作一份关于介绍动物休眠的学习资料卡。本课的小组合作学习重点将放在合作读文和自主识字,了解休眠特点和尝试复述,及实践活动和学习反馈这三个板块来实施。

小组合作板块一:合作读文,自主识字。

小组合作学习要求	具体操作步骤	设计意图说明
1. 以四人小组为单位,用喜欢的方式读课文,要求读准字音、读通句子。 2. 每人做小老师,带领组员读准"僻、避、蠕、欠、檐、逮"等生字的读音。 3. 小组合作,运用所学方法理解"蠕动、三五成群、成团成簇"等词语的意思。 4. 思考讨论:文章可以分成哪两个部分?每部分分别介绍了什么内容?	一、导入新课,揭示课题。 二、初步学习课文,扫清字词障碍,了解文章结构。 1. 老师布置小组合作要求。(媒体出示要求)。 2. 学生小组合作学习。 3. 老师巡视,关注学生的合作学习情况,适当引导。 4. 交流反馈,老师指导点评: ① 小组集体展示读文。 ② 小组成员代表做小老师带领读准生字字音。 ③ 小组成员交流词语意思(老师点评时主要关注学生所运用的各种方法)。 ④ 小组成员代表回答问题。	1. 在语文的学习中,让学生充分朗读是很重要的,通过不同方式的朗读可以让学生理解课文、了解内容、掌握阅读方法。而小组合作中的朗读让学生选择各自喜欢的朗读方式读文,这种形式上的改变很大程度地激发了学生的学习兴趣。学习过程中通过齐读、男女生轮读、分小节轮读等各种形式,真正达到参与面广、练习时间充分的目的。 2. 三年级的学生对于识字和运用各种方法理解词语意思已经有一定的学习基础,此时可以充分发挥他们学习的主动性,让学生在小组中做小老师,指导组员识记生字、理解词意,这样的学习方式学生更有兴趣,且记忆效果更好。

小组合作板块二:了解蝙蝠、海参休眠的特点,尝试复述。

小组合作学习要求	具体操作步骤	设计意图说明
1. 小组默读课文 1—3 节。 2. 根据黑板上的提示在文中圈划。 ① 直线划出蝙蝠冬眠的原因 ② 括号括出冬眠持续的时间 ③ 曲线划出冬眠的地点 ④ 双直线划出冬眠的方式	一、在老师的指导下,小组合作学习,了解蝙蝠冬眠的情况。 1. 学习归纳蝙蝠冬眠的特点:原因、时间、地点、方式。 2. 提出小组合作学习要求。 （媒体出示要求） 3. 学生小组合作学习,老师巡视指导。 4. 小组合作反馈读1—3节。 5. 小组合作交流反馈,老师引导概括并板书归纳。 ① 蝙蝠休眠的原因: 交流板书:冷、死、躲 板书归纳:没有吃的 ② 蝙蝠冬眠的时间: 交流板书:整个冬天 ③ 蝙蝠冬眠的方式: 找关键词、随机板书:成团成簇　倒挂 ④ 蝙蝠冬眠的地点: 交流,板书:山洞里、屋檐下 引导补充板书:僻静安全、避风寒 6. 看着板书,用简单连贯的话来介绍蝙蝠冬眠的情况。	1. 这部分内容的学习是本文的重点与难点,根据两部分内容结构、写法相同的特点,采用小组合作学习方式,老师从扶到放,循序渐进地引导,努力让每一位学生在小组学习中都有机会发表自己的观点与看法。第一部分蝙蝠冬眠的内容篇幅较长,因此在小组合作过程中,老师从提出要求到小组反馈交流,整个过程中可以适当多加引导,为学生合作学习第二部分内容作铺垫和示范。在此基础上,第二部分内容的学习则完全可以放手让学生自己讨论学习,交流探索。即使是补充资料部分,因为有了第一部分的引导示范,相信也不会存在太大的困难。 2. 复述部分采用四人合作,每人介绍一个方面的内容,一则是为了让每个学生都有表达的机会,二则也可以适当降低表达的难度,让学生敢于表达。当然根据学生实际情况也可多加一个挑战环节,即请一人用第一人称完整地介绍蝙蝠冬眠或海参夏眠的情况。
3. 小组默读课文 4—7 节。 4. 根据黑板上的提示在文中圈划。 ① 直线划出海参夏眠的原因 ② 括号括出夏眠的时间	二、小组合作学习,了解海参的夏眠情况。 1. 提出小组合作学习的要求。 （媒体出示要求） 2. 小组合作反馈读4—7节。 3. 小组合作交流反馈。 ① 海参夏眠的原因: 根据学生反馈板书:热→浮 （小结:正是因为夏天,天气热,板书:→使得虫子都浮到海面上,而只会在海底蠕动的海参没有吃的了） ② 海参夏眠的时间: 板书:夏秋两季(出示第6节"秋去冬来")	
5. 自读补充资料。 6. 同桌两人讨论。	4. 补充资料,了解海参夏眠的地点和方式。 关于地点和方式,课文中没有提到。教师出示补充资料,学生自读后同桌两人讨论。 交流板书:岩礁暗处 　　　　翻转身体	
7. 以四人小组为单位,每人说一个内容,即海参夏眠的原因、时间、地点和方式,以"我是海参……"为开头,介绍海参夏眠的情况。	5. 四人合作尝试介绍海参的夏眠情况。	

小组合作板块三:实践活动,学习反馈。

小组合作学习要求	具体操作步骤	设计意图说明
1. 根据所学内容,将蝙蝠冬眠和海参夏眠的情况制作成资料卡,课后与同学或家长交流学习。 (可在学习园地中展览)	1. 下发资料卡。 2. 学生根据要求制作资料卡。 3. 课后相互交流学习、展示。	学生在了解掌握课文内容的基础上,制作资料卡,并向大家介绍。这不仅是对本课内容学习的一个提升,在这种过程中,也可以适当进行相互评价,这样可以将表达、实践的日常性评价融入到学习活动中。

四、小组合作学习评价

　　小组合作贯穿于本文的学习,这主要基于文章写作结构上的特点。蝙蝠冬眠和海参夏眠的两部分情况在叙述内容上有一定的联系,叙述方式也相似,一方面要让学生了解文章内容,另一方面更要让学生掌握阅读方法。像这样的科普说明文如果只是老师一味地牵着学生学习,学生必定会失去学习的兴趣,而利用小组合作学习的方式却能突出学生的主体地位,培养主动参与的意识,激发他们更大的学习潜能。所以在重点内容的学习部分,先合作读文,了解文章的结构层次;然后通过老师的引导示范,让学生根据要求进行合作学习。这样学生不仅不会感到学习枯燥无味,而且在交流中可以找到学习的规律,对于写作结构相似的文章也能进行自主学习,从而真正提高学习能力。

（上海市汇师小学张一老师撰写）

案例 19：分组展开探究，全面评价跟进

一、小组合作学习内容

人教版小学三年级数学《广角—集合》

二、小组合作学习目标

1. 在小组合作学习中让学生经历探究的过程,感知维恩图的产生和集合的意义;

2. 在小组合作学习中发展学生的创新思维,培养学生的对话能力;

3. 通过小组合作学习把数学教学提高到一个新的水平;

4. 在小组合作学习中培养学生主动探索知识,培养学习兴趣。掌握适合自己的学习方法。学会合作,培养善于观察、善于思考的良好学习习惯;

5. 使学生感受到数学在现实生活中的广泛应用,尝试用数学的方法来解决实际生活中的问题。

三、小组合作学习过程

(一) 课前学生调查每一大组同学们喜欢吃水果的情况。形成文字汇报材料。

(二) 谈话引入:

师:课前,老师对同学们的调查结果选取了部分同学进行了统计,喜欢吃苹果的有 6 名同学,喜欢吃桃子的有 7 名同学,你知道有多少人参加了这项活动吗?

生 1:有 13 人。

生 2:有 10 人。

师:到底有多少人呢? 我们请点到名字的同学起立,大家来数一数。

学生数站起来的学生人数。

师:通过数人数发现确实有 10 人参加了这项活动。为什么有的同学说有 13 人呢?

生:有 3 人两种水果都喜欢,重复算了两次,应该减去,是 10 人。

师:同学的名字很乱,怎样让大家清楚地看到哪些同学喜欢吃苹果,哪些同学喜欢吃桃子,哪些同学两样都喜欢吗? 有什么好办法? 课前同学们都进行了预习,谁来说说?

生 1:列表法。

生 2:连线法。

生 3:画图法。

(评析:有效的数学教学活动,不能单纯地依靠模仿与记忆。动手实践、自主探索与合作交流是学生学习数学内容的重要形式,因此,我在课前布置了预习作业,提高了小组合作学习的效益和质量。)

预习作业:

一、看一看:默读教材第 104—105 页内容。

二、想一想：

怎样让大家清楚地看到哪些同学参加了跳绳比赛，哪些同学参加了踢毽比赛，哪些同学两样都参加了？有什么好办法？书中给出了几种方法？分别把它们表示出来，画在下面。

三、练一练：

试完成书上 105 页"做一做"。

四、说一说：

1. 你学会了什么？

2. 你的疑惑是什么？

（三）小组合作学习

教师出示合作要求：1. 表述每种方法怎样具体通过图表示出来。2. 每人选择一种方法画出来。3. 讨论哪一种方法更好，为什么？

师：小组长分配一下，每人选择一种不同的方法，独立完成后小组讨论哪一种方法更好？为什么？注意将同学的名字写在老师给出的这个表格内，写在合适的位置，使别人清楚地看到同学们各自都喜欢吃什么水果。如果你不用老师给出的列表法，只要写清楚就行了。

（学生小组合作学习）

（四）学生汇报

汇报组 1：我用的是列表法，我把喜欢吃苹果的写在表格的上面，把喜欢吃桃子的写在表格的下面，写的时候把两样水果都喜欢的人上下并列写。

汇报组 2：我用的是连线法，我把喜欢吃苹果的写在左边，把喜欢吃桃子的写在右边，把两样水果都喜欢的人用线连起来。

汇报组 3：我用的是画图法，我把喜欢吃苹果的写在左圈，把喜欢吃桃子的写在右圈，把两样水果都喜欢的人写在中间的圈里。

汇报组 4：我们组都认为画图法更好，因为画图法很直观、很简洁，列表法和连线法把两样水果都喜欢的人重复写两次，很麻烦，而画图法只写 1 次。

四、小组合作学习评价

对于三年级学生来说，集合问题具有高度的抽象性，因此必须通过学生的生活世界，让抽象的问题生活化。我遵循学生的认知规律，力求创造性地使用教材。

启发与提示是小组合作学习成功的要素之一，教师一定要选择合适的话题让学生交流合作。课前让学生调查每一大组同学们喜欢吃水果的情况。课上选取部分同学的调查结果进行统计，学生的参与兴趣高，为小组合作学习创造了良好的开端。

课前布置学生预习作业，使学生通过自学阅读教材，形成自己的认知。学生对文本的对话能力水平出现了变化，整个认知过程是问题不断解决、认识不断清晰、知识不断建构的过程。大部分学生能够在教材中归纳说出列表法、连线法、画图法这3种方法。《集合》一课的预习及自我探索方法就是有意识地培养学生的独立思考的习惯。如果学生没有独立思考，没有形成自己的思想与认识，他们在合作学习中只能是观众和听众，不可能有发言的机会，更谈不上有效学习。

课上，在小组合作中让学生经历自己创造韦恩图的过程。教师把合作学习的任务、要求布置清楚，要让每个小组都明确自己要完成的任务，并且明白通过怎样的"合作"才能完成任务。当教师提出"确实有10人参加了这项活动。为什么有的同学说有13人呢？""同学的名字很乱，怎样让大家清楚地看到哪些同学喜欢吃苹果，哪些同学喜欢吃桃子，哪些同学两样都喜欢呢？有什么好办法？"这些问题使学生产生认知冲突，然后教师没有完全放任不管，而是注重引导，先给出学生的名字及表格，让学生填姓名，体现"给出元素——只给图填元素——没有图抽象思考"的学习层次，引导学生由直观过渡到抽象，进一步理解集合思想。接着在小组合作中学生表述每种方法怎样具体通过图表表示出来，通过每个学生的补充使每个学生认识到3种方法都可以使别人清楚地看到同学们各自都喜欢吃什么水果。然后每个学生选择一种自己喜欢的方法独自经历现场的操作并以图形表示出来。每种方法各有特点，在讨论中进行了深度思考：哪一种方法是最优越的？为什么？这个疑问是对"集合"知识高度理解与综合应用的体现，是孩子们预习时遇到的疑惑，孩子们在讨论中得出结论。

最后运用语言、图表来表现，在小组汇报时要以"我们组认为……"来进行交流。要说清每种方法怎么表示，还要表达明白哪种方法是最优越的，由此学生的语言表达能力得到了充分的培养。教师要积极参与到小组活动中并及时对学生的表现做出适当评价。"喜欢吃的两种水果各放一边，两种水果都喜欢的放中间，直观图表示的是喜欢吃水果的总人数"，学生通过对数据的整理、分析过程，初步体会集合思想，在快乐的合作探究中体验到了成功的喜悦。因此学生主动地打开了数学王国的大门。

新课程标准强调通过小组的合作学习发展学生运用语言的能力；要求学生"在与他人的交流过程中，能运用数学语言合乎逻辑地进行讨论和质疑"；要求"在数学教学中必须充分发挥学生的主体能动性,增强学生的参与、交流、合作意识";强调"教学是师生之间的对话、沟通、合作、共建的交往活动"。这就要求我们教师在小组合作学习中注意培养发展学生的对话能力,小组合作中我主要采用三个环节——导、展、疑;导是在小组合作前教师的引导和布置预习作业;展是学生合作学习交流中大胆自信的展示(包括在组内的展示和在班级的展示);疑则是合作之后对问题的深度思考。我抓住思维对话中的生生、师生、文本对话环节,加强"和谐、高效、思维对话"的课堂建设。并注重了课堂评价,提供对小组合作学习技巧的指导。学生的思维动起来,课堂活动就更精彩。

附评价表

项目	评价标准:A 等三颗☆;B 等二颗☆;C 等一颗☆	星期					学生自评	学生互评	教师评价
		一	二	三	四	五			
学习态度	积极 一般 不积极								
独立思考	独立完成,快速,准确率高 需要提示,中速,准确率中 依赖他人,慢速,准确率低								
会听	精神集中,抓重点,安静,不打断发言								
会说	声音响亮,清晰完整,条理流畅,准确,不抢话不插嘴								
会质疑	发现问题,提出问题								
会讨论	从踊跃参与,积极表达,认真倾听讨论,最终有结论								
会预学	认真完成,有自己的见解,正确率高 认真完成,有自己的见解完成,质量不高								
会分析错误原因	过失性失分,概念不清、知识掌握不熟练、计算错误、题目过难								

表格中评价标准为:A 等三颗☆;B 等二颗☆;C 等一颗☆

(新疆乌鲁木齐市第八十八中学朱志红老师撰写)

案例 20: 分工合作实践，交流研讨提升

一、小组合作学习内容

沪教版小学音乐三年级第一学期第三单元《森林铁匠》

二、小组合作学习目标

1. 在欣赏乐曲《森林铁匠》中，通过小组合作等方式初步感知乐曲各段的情绪、速度、力度，想象铁匠热烈打铁的情景，激发学生热爱劳动、喜欢与同伴合作的情感。

2. 通过听一听、唱一唱、奏一奏、即兴表演和创编等小组合作的多种音乐实践活动，感受乐曲的风格特点，以及理解不同段落音乐描绘的情境。

3. 了解乐曲不同段落的音乐要素，并能与同伴模唱旋律，小组合作对乐曲《森林铁匠》主旋律进行合奏、轮奏。

三、小组合作学习过程

（一）导入

律动表演《理发师》

小组合作	课堂实录	设计意图
1. 小组表演唱《理发师》 2. 合作表演《理发师》 3. 师生交流点评	师：同学们，让我们一起复习上节课所学的歌曲《理发师》，每个小组轮唱表演。 小组展示：（小组表演唱）各小组以不同造型、律动表演、配乐伴奏来演唱歌曲。 师：我们也来做一做理发师，和同伴合作，体验一下理发师为他人服务的感觉吧！ 小组展示：在音乐声中，有的同学扮演客人，有的扮演理发师，在歌声中合作表演。	1. 进入教室就以听觉领先，让他们迅速进入音乐课的状态。 2. 复习《理发师》歌曲，各小组和教师边律动边演唱歌曲，再跟着音乐模仿发师工作的动作，并培养合作概念，树立为他人服务的意识。

（二）欣赏乐曲《森林铁匠》

1. 思考乐曲给你什么感受，这是哪种劳动时发出的声音？

2. 出示乐曲名《森林铁匠》并介绍作品背景。

说明：

这是一首写实性通俗管弦乐曲,对人物的刻画非常形象,第一遍初听,学生只能对乐曲有个大概的了解。通过"音乐模仿哪种劳动的声音"来串联对乐曲的欣赏,并降低欣赏的难度,使课堂真正面向全体。

3. 观看视频模仿打铁动作。

4. 跟着音乐表演铁匠劳动时的动作。

小组合作	课堂实录	设计意图
1. 学生和教师模拟打铁动作。 2. 小组同伴合作跟着音乐节奏模拟打铁动作。 3. 小组交流"打铁"体会。	师:刚才我们看到铁匠们努力地在打铁,同学们让我们也跟着音乐有节奏地打铁,体验一下当一名铁匠工人的滋味吧! 小组展示:学生之间,你打铁,我拿着铁。你拉风箱我搬打好的铁,一副井井有条、忙碌的打铁场景。	1. 用形体动作体验乐曲所描绘的音乐特点是欣赏教学中尤为重要的,对音乐的理解不能只靠说理分析,只有通过亲身的体验才能使学生的身心得以愉悦,情感得以抒发。 2. 通过师生模拟到小组合作"打铁"练习过渡,让学生从易到难地感受音乐的情绪、节奏、音乐内容,并通过小组合作,在音乐声中体会喜欢与同伴合作的情感。 3. 在即兴形体表演后,师生相互评价,进一步地加深对铁匠劳动情景的了解,体验劳动的辛劳,培养学生热爱劳动的情感。

（三）学唱主题旋律

1. 学生聆听主题旋律并感受旋律走向(画旋律线)。

2. 学生听钢琴弹奏老师演唱,感受主旋律。

3. 学生用"dang"哼唱旋律。

4. 学生视唱五线谱。

(四) 主题旋律乐器伴奏

1. 出示各种乐器节奏谱，小组合作练习。

2. 小组跟着音乐演奏。

3. 师生轮奏。

小组合作	课堂实录	设计意图
1. 小组选择小乐器以及练习相应节奏。 2. 串铃组跟音乐演奏。 铃鼓组跟音乐演奏。 小铃组跟音乐演奏。 响板组跟音乐演奏。 3. 小组合作轮奏。 4. 师生轮奏。	师：每组同学选择一种小乐器，练习它对应的节奏。 小组展示：各小组在音乐中根据音乐节奏速度进行演奏。 师：同学们，现在看老师指挥，我们一组一组加入演奏，试一试，会产生什么效果？ 小组展示：在老师指挥下，一组加入演奏，仿佛表现铁匠打铁越来越热闹忙碌的场景。	1. 此环节的小组合作，旨在让每位学生都能参与，在合作过程中提高学生打击乐器的能力，让他们体会到主旋律的音乐要素，以及学会如何表现音乐情景。 2. 在教师指挥下，即兴为主旋律合作伴奏，通过击打打击乐器提高各小组乐器打击的能力。

小结：一组一组地加入演奏称为轮奏。通过打击乐加入演奏表现打铁的情景，使得乐曲情绪更加欢快、热烈。

(五) 欣赏全曲，听辨后半部分旋律的音乐要素

1. 复听全曲。

> 说明：
>
> 学生完整聆听乐曲，进一步地感受乐曲的速度、情绪，想象乐曲所描绘的情景，为下面的体验过程作铺垫。

提问：比较前段和后段音乐有什么变化？

小结：速度变快，力度加强了，铁匠打铁就要成功了。

2. 跟着音乐，合作表演打铁的曲子。

3. 归纳后半段音乐要素。

（六）分析归纳各部分旋律的音乐要素

1. 聆听引子部分。

2. 分析了解引子部分音乐要素。

3. 总结第一段和第二段的音乐要素。

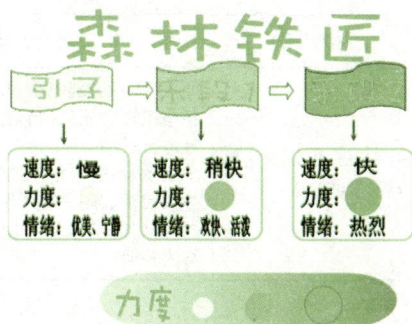

小组合作	课堂实录	设计意图
1. 小组讨论完成表格。 2. 交流展示。	师：同学们，我们已经欣赏了《森林铁匠》引子和两个乐段，那它们的速度、力度、情绪分别是怎么样的？我们小组来完成这个表格吧！ 小组展示：各小组在组长负责下，你一言我一语地热烈讨论起来。有的用色彩，有的用符号，有的用文字来表达对各段音乐要素的理解。	1. 通过小组集体讨论合作，共同钻研，来概括、感知各段的音乐要素，达到共同进步的教学效果。 2. 在学生主导下，各小组展开想象，用各种方式来完成表格，用不同形式表达对音乐的理解，发挥学生的创造力。

（七）引子部分模拟《森林的早晨》

1. 讨论选择适合表演的道具和角色。

2. 选择不同组别，扮演不同的角色，在音乐中模拟表演。

小组合作	课堂实录	设计意图
1. 小组交流扮演角色、表现方式。 2. 小组排练。 3. 小组展示。 4. 小组评价交流。	师：引子部分的音乐让我们感受到一个宁静、富于魅力的早晨，那你还能为这个早晨增添什么好听的声音呢？ 生：鸟叫声、风声、树叶沙沙、流水的声音，还有小动物苏醒跑出来觅食的表现等。 师：那我们怎么表现呢？ 生：我们可以发出"咕咕"声或者口哨模仿鸟叫；用沙球表现树叶的声音；用垫板、塑料袋、嘴巴发出风声；我们用肢体表现小兔子、小鸟、熊出洞的情景。	1. 通过把问题抛给学生，让学生以小组为单位展开想象，交流讨论"森林的早晨"还会有什么声音？我们又怎么表现？真正把课堂交予学生，让学生在合作中共同成长，取长补短，更加锻炼学生之间的合作能力，体验合作的乐趣和成功感。

3. 集体表演整首乐曲。

小组合作	课堂实录	设计意图
各小组根据要求完整表演乐曲。	师:让我们一起完整表演《森林铁匠》,各小组按之前的内容在音乐各主题部分进行表演。 小组展示:引子由动物组、自然音效组进行表演;乐段1由各组分组进行打击乐器伴奏;乐段2由小组合作演奏打铁乐曲。	1. 各小组能够根据音乐变化,以不同形式完整表现音乐不同场景和内容,更好地理解整个作品。激发学生热爱音乐、参与活动的兴趣。 2. 小组表演的方式,能让学生更投入地参与活动,从而增强团队意识和合作能力。

(八) 课堂总结

师:今天我们欣赏了来自德国米夏埃利斯创作的管弦乐名曲《森林铁匠》,我们通过小组参与各个音乐活动,体验到音乐各部分的要素,体会了铁匠打铁时快乐愉悦的心情,更加了解到铁匠劳动的辛劳,激发了我们热爱劳动、参与劳动的信心。

四、小组合作学习评价

小组合作学习是开放教育中的教学组织形式。利用小组合作学习可以提高一定时间内学生学习、交往、表达的效率,达到优势互补,有利于培养学生的探究意识和合作精神,也有利于学生交际能力和解决问题能力的发展。

本堂课教学目标是欣赏《森林铁匠》,感受乐曲的音乐要素和各段变化,并能用不同的方式表现音乐。通过本课各式各样的音乐活动,小组成员积极参与其中。通过合作交流学习,小组成员共同进步、共同成长,不仅能更好地感受、理解音乐,也能体验合作的快乐以及增强同伴间的合作意识,达成了本课的教学目标。

小组合作环节	评价方式	实施效果	设计亮点
第一环节 课堂导入 ——合作表演	师生互评	在合作中体验理发师繁忙的工作,在情境中更投入地演唱歌曲。	在活动中,能够边歌唱边和他人合作扮演理发师,能够帮助学生体验角色,更好地投入演唱,也培养学生为他人服务、与他人合作的意识,也为下面的小组合作作铺垫。

小组合作环节	评价方式	实施效果	设计亮点
第二环节 欣赏乐曲 ——主旋律律动表演	生生互评（鼓励和表扬）	学生在这个环节兴趣高涨；在音乐中每人参与肢体表演，能够真切感受到音乐的情绪、速度等音乐要素；体验铁匠打铁的辛劳和劳动的快乐。	1. 在律动中感受乐曲主旋律的节奏、情绪，能够在表演中体会铁匠忙碌打铁的感受。 2. 通过合作打铁的方式，让学生展开想象，创设真实打铁场景并学会合作，培养乐于合作的精神。 3. 通过表现优异小组的再次展示，学生间互相学习，为学生搭建展示舞台，激励学生表演的自信心。
第三环节 欣赏乐曲 ——主题旋律乐器伴奏	互动性评价	1. 每位学生能够根据自己的能力、喜好选择合适的小组。 2. 能够在组内成员共同的学习、努力下完成小乐器伴奏。 3. 通过老师指挥，小组的演奏，较好完成乐曲小乐器轮奏。	1. 这个环节首先使学生取长补短、集体钻研、共同进步，所以取得了良好的教学效果。 2. 最大限度地培养了学生的合作意识和合作能力，使学生在合作中懂得协作的重要性，并在其中获得成功、得到快乐。
第四环节 欣赏乐曲 ——引子部分模拟《森林早晨》	1. 师生点评 2. 小组交流点评	现场根据学生回答分成自然组和动物组。	1. 每位学生根据自己特长，分工明确，表现各种声音或者早晨时小动物的动作。 2. 小组成员能够发挥想象和创造力，用各种方式表现森林早晨。 3. 创编活动激发学生参与的兴趣，更靠集体的力量来丰富音乐作品。
第五环节 欣赏乐曲 ——归纳各段音乐要素	互动性点评	在小组讨论下完成表格，概括各段的音乐要素以及变化。	1. 学生能够认真倾听他人意见，互助互学，解决问题完成表格。 2. 通过小组讨论合作，增强各组组员荣誉感，激发他们参与音乐活动的热情。 3. 通过生生间的互动，把单一的知识传授板块转化成人人参与率高的活动板块。
第六环节 欣赏乐曲 ——完整表演	教师点评	学生根据乐曲不同段落变化，能够根据表演要求进行展示。	1. 激发每位学生参与活动的兴趣。 2. 能够让每位学生完整地体验、感受乐曲，更好地理解乐曲不同段落表现的内容和情感。

（上海市汇师小学徐芸老师撰写）

案例 21：小组集思广益，群策群力演绎

一、小组合作学习内容

沪教版七年级语文《卖炭翁》

二、小组合作学习目标

1. 掌握关键实词，疏通文言大意；

2. 了解诗歌主旨，编写剧本；

3. 增强团队协作意识。

三、小组合作学习设计

课前准备：

进行分组，综合考虑学生学习兴趣、学习能力、性别等因素的差异，将全班分成研习能力相对均衡的 8 个小组，每组成员 4 人，并推荐 1 名组长。

课堂设计：

1. 8 个学习小组分别集中坐在指定区域。

2. 明确小组合作要求：

(1) 每个小组的学习资源包括课本、《古汉语常用字典》。

(2) 每个小组进行合理分工，包括组长、记录员、剧本角色等。

(3) 每位同学自主学习后，在组长的组织下，小组成员有秩序地分别疏通课文、编写课本剧，并积极发表自己的意见。过程中要学会耐心倾听别人的意见，其中难以解决的问题可以向别的小组或老师求助。

(4) 组长综合归纳本组成员的学习成果，带领组员上台展示。

3. 明确本堂课需要解决的几个问题：

(1) 学生自主阅读课文，查字典，关注关键字词的解释。

(2) 小组讨论、交流翻译情况。

4. 学生编写剧本时，明确以下几个问题：

（1）卖炭翁、宫使的性格特点分别是怎样的？

（2）作者通过本文想要表达什么情感？

（3）编写过程中，哪些地方可以增加或删减？

课堂实录：

1. 查字典，了解课文内容：

（1）小组成员在自读课文、查找关键字词解释的基础上，两两合作，一问一答，疏通课文大意，为接下来的组间交流做准备。

（2）小组间交流：一组派成员出题，可以任意指定任何一组任何一名组员回答、翻译。如果回答正确，则该组得分，并得到提问权，可以提问其他组；如回答有错误，各组均可帮助他改正，帮助成功者得分，同时，原出题者也得分，并可继续出题，询问其他组。

（3）课堂效果：各小组成员在组内合作中，认真细致，翻译词句力求准确到位；组间交流时，各组都能仔细倾听，积极查找错误并予以纠正。在这样的合作中，大家均得以顺利掌握诗歌大意。

2. 写剧本，丰富人物形象：

发挥想象，把课本改写成课本剧，组内成员选择适合自己的角色。以一组为例：

生1：＊＊，你写得快，你来记录，我们三个人说。先把主人公写好吧。

生2：要把卖炭翁写得可怜一点。可以写他外貌：头发花白、直不起腰、两手粗糙。

生3：除了课文中有的，还可以加点动作：他紧了紧身上单薄而褴褛的衣衫。

生2：还可以加语言。

生4：他一个人，怎么加语言？

生2：可以自言自语啊。比如：老天保佑啊，今晚下一场大雪吧！那样我的炭就可以卖个好价钱了。上帝啊！您开开眼吧，可怜可怜我这个糟老头！

生4：再来说说两个宫使吧。

生1：宫使要凶，这样才能突出卖炭翁的可怜。我们可以增加一个情节：白衣人一脚把老汉踢开，去卸牛车。马上那个宦官大声呵斥道："老东西你知足吧，我等依圣上旨意办事，你敢抗旨？"

生3：卖炭翁苦苦哀求："大人，您可不能啊！这车上千斤的炭怎么也比这缎子值钱啊！你这样，不是要了我的命吗？我还要养家糊口啊。"

生2：还可以加点环境描写：卖炭翁拉着一满车炭走在泥泞的大路上。雪很大，地上积了足有一尺深。临街店铺的门板紧闭着，偶尔一阵寒风卷着地面的雪花吹来，吹得门板呼呼作响。

生1：环境是挺好的，但演课本剧的时候怎么表现？还能真的飘雪？

生4：要不，我们找个旁白。一组4个人，一个演卖炭翁，两个做宫使，还有一个正好是旁白。旁白不仅可以讲当时的环境，还可以加点路人的议论，甚至连老人的牛也能发点声音。

......

3. 分角色，演绎故事情节：（以一组为例）

旁白：这个故事发生在终南山上，太阳已经没入了山坳，终南山被笼罩在一片苍茫夜色之中。

卖炭翁：老天保佑啊，今晚下一场大雪吧！那样我就可以把炭卖个好价钱了。（他紧了紧身上单薄而褴褛的衣衫。）上帝啊！您开开眼吧，可怜可怜我这个糟老头！您开开恩吧！保佑我的炭卖个好价钱！否则我的生活没指望了！

旁白：果然一夜大雪，地上的雪积了足有一尺深。在这漫天大雪的泥路上，卖炭翁拉着一满车炭走在泥泞的大路上。

卖炭翁：老天有眼啊，下了这样一场大雪！虽然我累点，路又难走，但只要炭能卖个好价钱，我这一年就算没白忙，好歹能过几天舒服的日子。

旁白：突然，远处传来"嗒嗒"的马蹄声。路上行人也纷纷避让。

宫使1：老头往哪走？（叉着腰）

卖炭翁：大人有何吩咐？

宫使1：跟你做宗买卖。（边说边从行囊中拿出半匹旧锦绫）这些，换你一车炭。

卖炭翁：（跪下）大人，您可不能啊！这车上千斤的炭怎么也比这缎子值钱啊！你这样，不是要了我的命吗？我还要养家糊口啊！

宫使2：老东西！你知足吧！我等依圣上旨意办事，你敢抗旨？（扬长而去）

卖炭翁：（坐在地上）我可怎么活啊！

4. 展示评价：

（1）各小组表演结束后，其他小组均要对表演进行点评、打分。

师：好，第一场表演结束，他们表演得怎么样，哪位同学毛遂自荐来评论一下？

生1：我认为他们表演得很不错，把卖炭翁的可怜、委屈求全表演得很到位。

生2：我认为他们剧本编得挺好，增加了旁白，很多原本课文中没有的情景就能加上去了。

生3：我认为宫使的表演似乎还欠火候。特别是"跟你做宗买卖"，这一句话说得口气不够硬，不符合宫使欺压百姓的性格。没有表现出宫使的蛮横、专制。

（2）综合考虑各小组对诗歌的改编程度、汇报内容的效果、回答问题的准确度等，各组协商给其他7个小组进行评分，满分为100分，每组的终评成绩取平均值。

四、小组合作学习评价

1. 小组合作中教师的职责

合作学习的课堂对教师的要求更高了，学生在学习过程中生成了大量的"问题"，需要教师有较强的调控能力与解难释疑的智慧，其难度远大于传统的讲授型课堂。

（1）协助建组与角色分配。合作学习的起始工作就是分组，教师应在综合考虑学生学习能力、性格爱好、性别组成等因素的基础上，按照"组间同质、组内异质"的原则进行分组，即不同小组的总体构成特征具有相似性，而同一小组内部成员之间具有个性差异。小组建成后，教师协助大家进行分工，确定小组长、记录员、汇报员等角色，每一成员应发挥自身特长，充当好自身的角色，并明确自己的责任。

（2）处理合作中生成的问题。合作学习给学生提供了充分的自主支配的时间与空间，因此课堂上生成的问题远远超出教师的预料，教师要走到学生中去，密切关注每个小组的活动状况，做到全程监控、及时指导、适时干预。

（3）评估小组学业成绩。在学习初始，教师应告诉学生将从哪些方面评价学生的行为业绩，并说明具体的评价方法，即采用自评与他评相结合的原则。

2. 小组合作中教学的有效性

课堂教学应该是突出学生的"学"，而不是教师的"教"。通过有效的小组合作学习，小组成员为了共同的目标能够相互帮助、取长补短,从而提高学习的效率。

(1) 语文课堂少不了品读、感悟、思考。在个人独立思考基础上的合作才是更有效的合作。只有在学生思考到达一定程度时展开讨论,才有可能出现一点即通、恍然大悟的效果。因此,在思考基础上的小组合作往往能达到事半功倍的效果。

(2) 小组合作学习的互动是多维多向的,首先是小组成员之间面对面的积极互动,大家需要相互解释所学的知识,相互帮助去理解和完成任务;其次是小组与教师之间的互动,大家需要理解老师的指导,必要时向老师表达求助信息;再次是不同小组之间的互动交流,如小组学习成果的汇报与相互咨询、对话等。从"大语文"的角度看,合作学习不仅提高了学生的学习兴趣和学习效率,而且也有利于培养学生善于思考的学习态度、交流倾听的交际能力和包容大度的人格特点。

(上海市天山初级中学方珉老师撰写)

案例 22: 组内协同攻关,组际交流分享

一、小组合作学习内容

沪教版高二数学下册《12.3 椭圆的标准方程》

二、小组合作学习目标

1. 通过小组合作学习掌握椭圆的定义及其标准方程,能正确推导椭圆的标准方程,体会解析几何思想;

2. 通过同学之间的思维互补,培养探索能力、合作学习能力和运用所学知识解决实际问题的能力。

三、小组合作学习过程

(一) 课前准备

在教师和课代表的组织下,将班级中的学生分为六组,每组 7 人。每组至少有 2 名男生、2 名女生,至少有 1—2 个数学思维活跃的同学,在此基础上学生自主组合。再根据学生的数学学

习情况推举组长,组长负责分配组员任务,包括准备各个道具、课堂上的发言、书写过程等。

请各个小组收集生活中的椭圆资料,同时准备画椭圆的道具(图板和绳子)。

(二) 课堂教学

课堂上请1—3组中的一名代表演示小组收集到的椭圆形实物或者资料,再请4—6组的一名组员在黑板上演示椭圆的形成过程:把这段绳子的两个端点分别固定在硬纸板上不同的两点 F_1 和 F_2 处($|F_1F_2|<2a$),将铅笔尖套在绳子里并拉紧绳子,使笔尖 P 顺势移动一周,笔尖 P 画出来的图形就是一个椭圆。

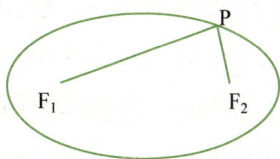

教师提出问题:在我们的生活中,椭圆是大家很熟悉的一种图形,同时它在科研领域也有非常重要的作用,那么同学们能否根据刚才画图的过程总结出椭圆上的点满足什么条件呢? 请各个小组观察讨论椭圆的形成过程,2分钟之后随机请一组代表叙述自己小组的结论,欢迎各组对该组的结论提出质疑,补充不同意见,部分同学没考虑周全的地方老师引导总结。

第一组同学:绳子长度不变,说明点 P 到 F_1、F_2 的距离之和相等,所以定义是"到两个定点 F_1、F_2 的距离和等于常数 $2a$ 的点的轨迹叫做椭圆"。

第三组同学:椭圆是平面图形,所以应该说明在同一平面内。

教师问:其他组还有补充吗?

学生都没有回答,于是教师问:这个过程对绳子的长度有要求吗?

第三组学生回答:哦,绳子要够长。

教师:多长才可以?

其他学生恍然大悟:大于 F_1、F_2 距离。

最后师生总结得到椭圆定义:平面内到两个定点 F_1、F_2 的距离和等于常数 $2a(2a>|F_1F_2|)$ 的点的轨迹叫做椭圆。其中两个定点 F_1、F_2 叫做椭圆的焦点,两个焦点的距离 $|F_1F_2|$ 叫做焦距。

教师继续提问:若没有定义中的条件 $2a>|F_1F_2|$,则轨迹是什么?

1、3、5组讨论当 $2a=|F_1F_2|$ 时的轨迹,2、4、6组讨论当 $2a<|F_1F_2|$ 时的轨迹,再随机分别请小组叙述自己小组的结论,综合各小组结论得到:

① 当 $2a>|F_1F_2|$ 时,轨迹是椭圆;

② 当 $2a=|F_1F_2|$ 时,轨迹是线段 F_1F_2;

③ 当 $2a < |F_1F_2|$ 时,轨迹不存在。

(三) 方程推导

根据椭圆的定义求椭圆的标准方程:不同的建系方式,得到的方程也不一样。请学生小组讨论,按照各组的建系方式小组成员合作一起推导方程,每组可以分配任务,两名同学书写证明,两位同学检查过程,其他同学积极思考。教师在教室内走动,解决各小组中出现的问题,同时观察小组合作的方式和探究结果。最后各小组再各请一名同学在黑板上演示自己的推导过程。

从板书总结下来六组学生有三种建系方案:

① 以 F_1、F_2 中点为原点,F_1、F_2 所在直线为 x 轴,建立坐标系;

② 以 F_1、F_2 中点为原点,F_1、F_2 所在直线为 y 轴,建立坐标系;

③ 以 F_1 为原点,F_1、F_2 所在直线为 x 轴,建立坐标系。

第3、4、6组是方案①:两定点 $F_1(-c,0)$,$F_2(c,0)$。设 $M(x,y)$ 是椭圆上的任意一点,由 $|MF_1|+|MF_2|=2a(a>c>0)$,得

$$\sqrt{(x+c)^2+y^2}+\sqrt{(x-c)^2+y^2}=2a,$$

小组讨论对上式两次平方,化简整理得:

$$(a^2-c^2)x^2+a^2y^2=a^2(a^2-c^2),$$

其中3、4组化简到这里就做不下去了,第六组有一名学生给小组成员提出建议:令 $b^2=a^2-c^2(b>0)$,则 $b^2x^2+a^2y^2=a^2b^2$,即

$$\frac{x^2}{a^2}+\frac{y^2}{b^2}=1(a>b>0)$$

教师:你怎么想到令 $b^2=a^2-c^2(b>0)$ 的?

学生:我预习过。(其他同学笑了)

教师又问:那你想过为什么要这样做吗?

学生:方程更简单一点吧,好记。

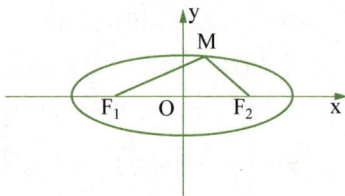

教师借此说明参数 b 存在的合理性（$a>c>0$）和必要性（b 对应的几何意义）。

第 1 组按照方案②：两定点 $F_1(0,c)$、$F_2(0,-c)$。设 $M(x,y)$ 是椭圆上的任意一点，由 $|MF_1|+|MF_2|=2a(a>c>0)$，得

$$\sqrt{x^2+(y+c)^2}+\sqrt{x^2+(y-c)^2}=2a,$$

两次平方，整理得：

$$a^2x^2+(a^2-c^2)y^2=a^2(a^2-c^2)$$

教师问第 1 组：为什么这样建系？

小组成员：其他小组肯定是焦点在 x 轴上，我们不走寻常路，反正这也是椭圆。

教师：很好，这是椭圆的另一种方程，后面方程的化简和方案①是类似的。

令 $b^2=a^2-c^2(b>0)$，则 $a^2x^2+b^2y^2=a^2b^2$，即

$$\frac{y^2}{a^2}+\frac{x^2}{b^2}=1(a>b>0)$$

第 2、5 组按照方案③：两定点 $F_1(0,0)$、$F_2(2c,0)$。设 $M(x,y)$ 是椭圆上的任意一点，由 $|MF_1|+|MF_2|=2a(a>c>0)$，得

$$\sqrt{x^2+y^2}+\sqrt{(x-2c)^2+y^2}=2a,$$

两次平方，整理得：

$$(a^2-c^2)x^2-2(a^2-c^2)cx+2a^2c^2+a^2y^2=a^4+c^4$$

教师问：这个方程比前面两个方程更复杂，用哪一种方程更简洁？

学生：方案①和方案②。

教师再次解释合理建立直角坐标系的必要性，同时根据曲线和方程的定义启发学生思考方程 $\frac{x^2}{a^2}+\frac{y^2}{b^2}=1(a>b>0)$ 就是椭圆的方程。

接下来分小组讨论椭圆标准方程的结构特征，仍然先随机请某组成员来说明，其他组补充。

第 4 组：椭圆的标准方程是关于 x、y 的二元二次方程，不含有一次项，方程的左边是平方和的形式，右边是常数 1。

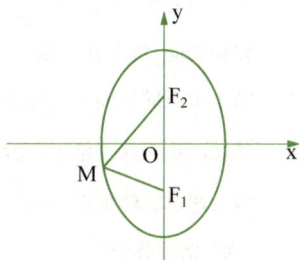

第 3 组补充:方程中 x^2、y^2 项的系数不相等。

教师提问:焦点在 x 轴上和在 y 轴上,如何通过方程辨别?

第 1 组有同学回答:椭圆的焦点在 x 轴上⇔方程中 x^2 项的分母较大;

椭圆的焦点在 y 轴上⇔方程中 y^2 项的分母较大。

最后通过教师梳理,总结四条方程的特征。

(四) 例题分析

例 1 已知椭圆的焦距为 6,椭圆上的点到两个焦点的距离之和为 10,求椭圆的标准方程。

学生按小组讨论完成,随机请小组成员展示思考讨论的结果。

练习题 1. 写出分别满足下列条件的动点 P 的轨迹方程:

(1) 点 P 到点 $F_1(-3,0)$、$F_2(3,0)$ 的距离之和为 10;

(2) 点 P 到点 $F_1(0,-2)$、$F_2(0,2)$ 的距离之和为 12;

(3) 点 P 到点 $F_1(-4,0)$、$F_2(4,0)$ 的距离之和为 8。

练习题由 1、2 组完成(1),3、4 组完成(2),5、6 组完成(3),请组员分享小组结果。

例 2 判断下列方程所表示的曲线是否是椭圆? 若是,请确定 a,b,c 的值并求出椭圆的焦点坐标。

(1) $\dfrac{x^2}{100}+\dfrac{y^2}{64}=1$　(2) $\dfrac{x^2}{5}-\dfrac{y^2}{4}=1$　(3) $25x^2+9y^2=225$　(4) $\dfrac{x^2}{4}+\dfrac{y^2}{4}=1$

例 2 由 1、3、5 组完成(1)、(3),2、4、6 组完成(2)、(4),请组员分享小组结果。

练习题 2. 如果方程 $\dfrac{x^2}{k^2-12}+\dfrac{y^2}{k-6}=1$ 表示以下类型的椭圆,那么实数 k 的取值范围是什么。(1)焦点在 x 轴上的椭圆;(2)焦点在 y 轴上的椭圆;(3)椭圆。

练习题由 1、2 组完成(1),3、4 组完成(2),5、6 组完成(3),请组员分享小组结果并说明理由,给 2 分钟时间由其他组提出疑问。

思考题:已知△ABC 的底边长固定且长度为 6,周长为 16,求顶点 A 的轨迹方程。

这道题有一定难度,小组讨论后,只有第 4 组有正确的思路,他们讨论的过程:

学生 1:三角形两条腰的和是 10,有什么用?

学生 2:底边上两点 B、C 是固定的,点 A 不确定。

学生 1:不就是椭圆定义嘛。

学生 3：对哦，B、C 是焦点，$2a = 10$。

其余学生都反应过来：$2c = 6$，那么 $a = 5$，$c = 3$，b 就是 4，方程是 $\dfrac{x^2}{25} - \dfrac{y^2}{16} = 1$。

第四组将讨论后的结果说出之后，教师问：其他小组有补充吗？

有小组提出质疑：$\triangle ABC$ 的三个顶点不能共线，所以要挖掉两个点。

教师：怎么在方程上体现不能三点共线呢？

仍然是第四组一名学生回答：$y \neq 0$。

教师最后简单总结：方程是 $\dfrac{x^2}{25} - \dfrac{y^2}{16} = 1 (y \neq 0)$。同学在解这道题目之前一定要先建立坐标系。

最后的课堂总结仍然通过小组形式让学生畅所欲言，总结所学知识。

四、小组合作学习评价

1. 分组的合理性：考虑性别思维的差异和学习基础的差距之后，在教师的引导下确定小组主要成员，结合部分学生自由组合的形式分组。这样各小组实力均衡，并且保证有领头人，同时组员之间较为熟悉，讨论更积极。

2. 小组合作学习更有效率：在推导椭圆方程的过程中，每位学生的思维不一样，部分学生很容易想到建系方案③以 F_1 为原点，F_1、F_2 所在直线为 x 轴，建立坐标系，因为这种建系方式会使得两个焦点的坐标中有三个 0，觉得可能计算会简单，其实不然。但是直接解释，学生未必接受，不如让想到这种建系方法的小组自己去尝试推导方程，最后再让小组之间对比，观察椭圆图形的对称性，体会到合理建系的必要性。同时节省了课堂时间，事半功倍。

3. 合作学习让思维更活跃：思考题的设计是为了加深学生对定义中"到两定点的距离之和是常数（大于两点之间距离）的点的轨迹是椭圆"这一本质的理解，同时体会椭圆在生活中的应用。但是部分同学完全没有思路，这时小组中学习基础较好的、思维较活跃的同学之间互相讨论可以激发其余同学的思维，使之产生求知欲。

（上海外国语大学嘉定外国语实验高中张璇老师撰写）

后记

在基础教育课程改革深入推进的大背景下,课堂教学的文化及其在这种文化影响下的教学方式都在发生悄然的变化。其中最突出的一个变化就是课堂变得更加活跃,更加有生机了。在这里不仅有常见的师生之间的互动,而且以小组合作学习为主要形式的生生之间的互动也成为了课堂一道亮丽的风景。

有效的小组合作学习有赖于有创意的任务设计以保证学生积极的参与和融入,同时还要求有明确的组员分工以保证人人肩负起合作进行问题解决的学习责任。其实践成效可以表现为在此过程中有民主平等的智慧分享,也可能表现为有思想观点的交锋碰撞。总之,正是因为小组合作学习活动的设计及实施,有力地促进了一堂课学习目标的有效达成。

在促进小组合作学习有效开展的过程中,广大地区和学校进行了卓有成效的探索,形成并积累了丰富的实践智慧。对这些弥足珍贵的经验及时进行梳理和总结,并促进其在更大范围内的传播和引领,是本书创作团队的初衷。

《有效小组合作的22个案例》一书展现了通过海选最后正式选出的22个各具特色的小组合作学习案例,同时还系统综述了国内外有关小组合作学习的经典文献,积极吸纳了扎根课堂的专题课例研究的规范成果,并长镜头地反映了在小组合作学习方面努力进行坚持不懈探索的一所学校所经历的真实历程和积累的实践经验。全书的内容表述深入浅出,包含的信息丰富。

《有效小组合作的22个案例》一书由上海市教育科学研究院教师发展研究中心的胡庆芳博士策划,并负责整体的框架设计、章节作者的组织联络以及最终的统稿合成。具体的章节情况介绍如下:

第一章呈现的是对在小组合作学习方面已查阅到的相关文献的综述,由苏州科技学院的杨翠蓉博士撰写,嘉定区德富路学校的徐艳贤老师、嘉定区杨柳初级中学的姚迎春老师、嘉定区马陆小学的冯苗娟老师以及嘉定区华江小学的陈清华老师分别查阅和收集了第一节、第二节、第三节和第四节的部分文献。第二章呈现的课例研究成果由上海市教育科学研究院的胡庆芳博士撰写。第三章呈现的是小组合作学习具体在一所学校的推进情况，由江苏省苏州市明德初级中学的陆振东校长组织撰写，第一节和第三节由政觉清撰写，第二节由顾群艳撰写。第四章呈现的是22个各具特色的小组合作学习案例，分别由上海市徐汇区汇师小学的宓颖校长和科研室的刘汝敏主任、长宁区天山初级中学的陈红校长、嘉定区上海外国语大学嘉定外国语实验高级中学科研室的陈文华主任和新疆维吾尔自治区乌鲁木齐市沙依巴克区教育局的丁志雁局长组织撰写，其中，撰写每个案例的教师姓名及所在学校都在正文中进行了一一署名。

感谢华东师范大学出版社的彭呈军先生对我们书稿的认可及有益建议！感谢本书参阅到的各位论文的作者给本书的增色添彩！同时也感谢《中小学外语教学》杂志对书稿部分成果的采用发表！最后还要感谢书稿中所用的22个精彩案例的作者的实践原创！

最后，我们期待本书的出版可以成为促进广大中小学及幼儿园教师精彩演绎小组合作学习设计及实施的一本参考指南，同时也期待正在阅读这本书的专家和同行多与我们联系并给我们提出您宝贵的意见和建议，Closetouch@163.com 永远期待您智慧的声音！

胡庆芳

2015 年五四青年节于上海